事業者必携

◆イザというときに困らない！◆

税務調査・労基署調査・社会保険調査の しくみと対策

税理士　社会保険労務士
河原 大輔／河原 宏海 監修

三修社

■本書に関するお問い合わせについて
　本書の内容に関するお問い合わせは、お手数ですが、小社あてに郵便・ファックス・メールでお願いします。お電話でのお問い合わせはお受けしておりません。内容によっては、ご質問をお受けしてから回答をご送付するまでに1週間から2週間程度を要する場合があります。
　なお、個別の案件についてのご相談や監修者紹介の可否については回答をさせていただくことができません。あらかじめご了承ください。

はじめに

　会社経営や業務目標を掲げて仕事をしていると、利益優先を重視するあまり、**法令遵守（コンプライアンス）** の視点がおろそかになってしまう場合があります。

　コンプライアンスとは、「法律などのルールに従って活動を行うこと」です。「単に法律を守る」といった狭い意味だけでなく、もっと幅広く社会的な常識やモラルを守った行動をとること、その企業独自のルールを作って自らそれを守ることなどもコンプライアンスに含まれます。法令を遵守しない不健全な会社は、社会的信頼を得ることができず、利益をあげることも難しくなります。

　会社の経営や労務管理をしていく上で気をつけなければならないのが、残業代未払いをめぐる労働トラブルや税金の適切な申告、社会保険手続きの不備、といった問題です。こういった事項については国の関係機関により調査が行われます。それが税務調査・労働調査・社会保険の定時決定調査と呼ばれる調査です。

　税務調査とは、企業や個人といった納税者が適切に納税しているかどうかを税務署が調査する制度です。**労働調査**とは、労働基準法などの労働法規違反の行為が行われていないかどうかを労働基準監督署が調査する制度です。**定時決定調査**とは、日本年金機構が行う定期的な調査のことです。いつ、こういった調査の対象になるかわかりませんから、あらかじめ対策を立てておくことが大切です。

　本書は、税務調査・労働調査・定時決定調査のしくみから、知っておくべきポイント、調査後の対応などをまとめています。多くの経営者や担当者が調査を受けるにあたって疑問に思う事項についてはＱ＆Ａ形式でまとめ、労働調査の是正勧告書や定時決定（算定）時調査のご案内、といった書式のサンプルも掲載しています。

　本書を活用していただき、税務調査・労働調査・定時決定調査への対策や、会社経営に役立てていただければ、監修者として幸いです。

　　　　　　　　　　　　　　監修者　税理士　　　　　　河原　大輔
　　　　　　　　　　　　　　　　　　社会保険労務士　　河原　宏海

Contents

はじめに

第1章　税務調査のしくみ

1　税務調査とはどんな制度なのか　　　　　　　　　　　　10
2　調査体制や調査機関の権限について知っておこう　　　　14
3　税務調査の手法について知っておこう　　　　　　　　　16
4　税務調査はいつ頃入るのか　　　　　　　　　　　　　　21
5　調査内容について知っておこう　　　　　　　　　　　　23
6　調査対象はどのように選ばれるのか　　　　　　　　　　27
7　どんな会社が調査されやすいのか　　　　　　　　　　　31

第2章　税務調査前・当日の準備とチェックポイント

1　調査に来ると連絡があったらどうする　　　　　　　　　36
2　当日までにどんなことをしておくべきなのか　　　　　　42
3　リハーサルはしておいたほうがよい　　　　　　　　　　49
4　税務調査に真摯に対応してもらえる税理士を選ぼう　　　56
5　調査官はここをチェックする　　　　　　　　　　　　　60
6　税務調査の際の受け応えの基本をおさえよう　　　　　　67
7　調査当日の心構えについて知っておこう　　　　　　　　70
8　調査方法について知っておこう　　　　　　　　　　　　75
9　調査が何日にも及ぶこともある　　　　　　　　　　　　80
10　調査終了ですべてが終わるわけではない　　　　　　　　83

第3章　税務調査後の対応

1　修正申告と更正処分について知っておこう　88
2　税金を納めすぎたときの更正手続きについて知っておこう　93
3　追徴や加算税制度について知っておこう　96
4　脱税・節税・租税回避の違いをおさえておこう　99
5　脱税によるデメリットについて知っておこう　102
6　脱税の手口にはどんなものがあるのか　105
7　税金に不満があるときはどうする　108
Column　ネット上のデータ調査をめぐる制度改正　112

第4章　労基署調査のしくみ

1　労働基準監督署にはどんな権限があるのか　114
2　どんな調査が行われるのか　120
　　資料　定期監督の通知文サンプル　130
　　資料　労働基準法違反申告書サンプル　131
　　資料　出頭通知書サンプル　132
3　申告監督について知っておこう　133
4　是正勧告のしくみについて知っておこう　135
　　資料　是正勧告書サンプル　137
　　資料　指導票サンプル　138
5　是正勧告にはどのように対応すればよいのか　139
　　書式　是正報告書　143
6　労基法違反の罰則について知っておこう　144

第5章　社会保険調査のしくみ

1 年金事務所が行う社会保険の定時決定調査について知っておこう　150
　　資料　定時決定（算定）時調査のご案内　153
2 労働保険や社会保険に加入していない事業所はどうすればよいのか　155
3 社会保険・労働保険に加入する場合どんな書式を提出するのか　157
　　書式　労働保険の保険関係成立届　160
　　書式　雇用保険適用事業所設置届　161
　　書式　雇用保険被保険者資格取得届　162
　　書式　新規適用届　163
　　書式　健康保険厚生年金保険被保険者資格取得届　165
4 社会保険料逃れにならないようにするための手続きに注意しよう　167

第6章　労基署調査前の準備と調査後の流れ

1 労働時間の管理を徹底しよう　170
2 タイムカードや出勤簿で労働時間を管理する　174
3 賃金台帳の記載と保存について知っておこう　176
4 割増賃金の端数処理について確認しておこう　178
5 欠勤や遅刻・早退の扱いについて確認しておこう　181
6 調査前にこんなことをしてはいけない　185
7 労働基準監督官はどのようにやってくるのか　187
8 監督官がチェックする書類についておさえておこう　190
　　書式　賃金台帳（給与台帳）　196
　　書式　労働者名簿　197

|書　式| 労働条件通知書　198
 9 就業規則や賃金規程は必ずチェックされる　200
10 年次有給休暇の管理簿をチェックする　207
　　|書　式| 年次有給休暇記録・管理簿　209
11 安全衛生管理をチェックする　211
　　|書　式| 総括安全衛生管理者・安全管理者・衛生管理者・産業医選任報告　218
12 健康診断の実施状況をチェックする　219
　　|書　式| 定期健康診断結果報告書　221
13 労働時間の管理を厳しくする　223
14 残業削減には何が必要か　226
15 固定残業手当や年俸制の導入は慎重に行う　230
16 どうすれば有休を効率的に取得させることができるか　236

Q & A

粉飾決算があった場合には税務調査でどのように扱われるのでしょうか。	20
会計帳簿にはどんなものがあるのでしょうか。	25
伝票や証憑書類の扱いはどうすればよいでしょうか。	26
関連会社との取引について調査されたときはどうしたらよいのでしょうか。	34
税務調査を早く終わらせることはできるのでしょうか。	48
売上はなぜ目をつけられやすいのでしょうか。	62
売上と仕入れの期ずれを指摘されたらどうしたらよいでしょうか。	63
未払金についてはどんなことがチェックされるのでしょうか。	64
仕入れについての調査ポイントとはどんなところでしょうか。	65
売掛金についてはどのようなことをチェックされるのでしょうか。	66
損金経理とはどのようなことなのでしょうか。	95
労使協定は届け出ないといけないのでしょうか。	147
三六協定を届け出ていませんでした。発覚する可能性はあるのでしょうか。罰則なども科せられるのでしょうか。	148
労災には加入しているが社会保険に加入していないという場合はどうなるのでしょうか。	166
平均賃金算定方法のルールが知りたいのですが。	184
有給休暇を与えた場合の賃金の算定方法はどのようになっているのでしょうか。	210
ストレスチェックが義務化されたようですが、実施していない場合にはどうなるのでしょうか。	222

第1章

税務調査のしくみ

税務調査とはどんな制度なのか

国民が納税義務を果たしているかどうかを国がチェックする

● どのようなものなのか

税務調査とは、納税者（法人・個人など）が適正に納税しているかどうかを国が調査する制度です。

平成27年11月の国税庁の発表によると、平成26年度（事務年度）に行われた法人税についての実地調査（18ページ）は、全国で9万5000件にのぼり、そのうち7万件の法人で申告漏れなどが発覚しました。また、その7万件のうち、不正計算が発覚した法人の件数は1万9000件でした。こうした統計上の数字からも、適正かつ公平な課税を実現するために、毎年多くの税務調査が実施されていることがわかります。

このように、税務調査では、自己申告された所得額に漏れや隠ぺいがないか、税額に計算ミスがないかといったことがチェックされます。調査を担当するのは、法律で権限を与えられた税務署の調査官です。調査官は対象の個人宅や法人の事務所などに事前に連絡をした上で出向き、帳簿のチェックや関係者への聞き取りなどの形で調査を行います。

税務署の調査官が行う税務調査は、国税査察部（いわゆるマルサ）が行う強制調査（19ページ）と異なり、任意に行われる調査ですが、原則として拒否できないのが実情です。調査対象となった納税者には、調査官の求めに応じて書類を準備したり、質問に正確に答えるなど、真摯に協力することが求められます。

● どのような目的で行われるのか

日本では、納税義務者が自ら税務署に所得や税額を申告することにより、所得税や法人税、贈与税、相続税といった税金を支払う申告納

税制度がとられています。所得額などの課税標準や税額をどのような形で算出するかということは、所得税法や法人税法などの法律によって定められていますから、納税義務者はこれに添って税額を正確に計算し、期日までに納付しなければなりません。

しかし、税額の計算式は複雑なので、誤った解釈をしたり、計算ミスをすることも少なくありません。

また、中にはわざと所得を過少申告するなどして脱税を図る悪質な納税者もいます。このようなことが多発すると、正しい納税をしている納税者との間に不平などが生じますし、国の財政基盤が揺らぐことにもなりかねません。そこで、租税負担の公正を図り、社会秩序の安定を保つことを目的として、適正な納税手続が行われているかを調べる税務調査が実施されているわけです。

なお、法人税の課税標準（税額算定のベースになる価額のこと）となる課税所得は、「一般に公正妥当と認められる企業会計の基準」に従って計算された当期純利益を基礎とし、一定の調整を加えて誘導的に算出します。つまり、課税所得は、企業会計によって算出された企業利益をベースとしますが、これに法人税法独自の規定を加味して調整計算するのです。そのため、税務調査においても企業利益の算定が適正であることと、法人税法特有の制限に合致していること、の双方が求められます。

■ 税務調査の目的

税務調査の目的	＝	申告内容や税額が正しいか確認
税務調査官	→	帳簿書類を検査する権限である「質問検査権」が与えられている
納税義務者	→	税務調査官の質問に対して、誠実に答える義務である「受忍義務」を負う

● なぜ調査を受けなければならないのか

　税務調査は、正しく納税している法人や、収入額が少なく納税額がゼロになる個人などに対しても行われる可能性があります。「わざわざ税理士に頼んで計算してもらい、間違いなく納税しているのに調査を受けなければならないのか」「収入が少ないし、帳簿もつけていないから、調査する必要はないのでは」と思う事業者の人もいるかもしれませんが、調査の必要性や手続が妥当かどうかについての判断は税務調査を行う権限（質問調査権）を与えられた税務署が行うことであり、納税者が調査を拒否する理由にはならないのです。

　税務署から調査を行う旨の連絡があれば、誰でもこれを受け入れなければなりません。これは国民全員に憲法に定められた納税の義務と、税務調査を受ける義務（受忍義務）があるからです。

　国税通則法という法律には、税務調査において調査官の質問に答えなかったり、ウソの返答をした場合には、罰金などの処罰が科せられるという規定も置かれています。

　税務調査は、手間も時間もかかりますし、精神的にも大きな負担を伴いますが、正しい手続きをしていれば恐れる必要はありません。構えることなくきちんと対応をするようにしましょう。

● 家族や従業員には受忍義務はあるのか

　税務調査に対する受忍義務は、調査対象となった納税者本人にのみ生じるものです。個人であれば当然その人が義務を負いますし、法人であればその代表者が義務を負うことになります。

　しかし、税務調査の事情聴取や書類提示の要請などは、調査対象者だけでなく、個人であれば配偶者やその他の家族、法人であれば経理担当者や他の従業員などにも及ぶ場合があります。

　では、調査対象者以外の人には、税務調査に応じる義務があるのでしょうか。実は、調査対象者以外の人には受忍義務は生じません。つ

まり、調査官からの質問などに応じるかどうかは、その人しだいなのです。「答えるほどの情報を持っていない」「自分の判断で勝手に書類などの提示をすることはできない」などという場合には、調査を拒否してもかまわないわけです。

　ただ、家族や従業員が調査官からの質問をむやみに拒否すれば、「調査対象者から隠ぺいの指示をされているのではないか」などとあらぬ疑いをかけられることにもなりかねません。むしろ家族や従業員にはあらかじめ「税務調査がある」ということを伝え、可能な範囲で質問に応じてくれるよう、頼んでおいたほうがよいでしょう。

■ 税務調査と受忍義務

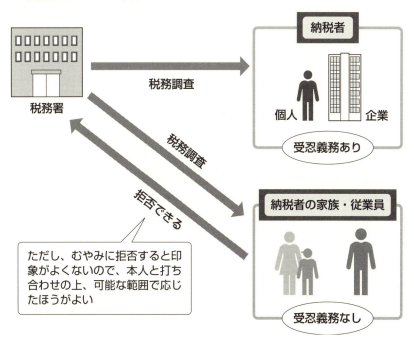

調査体制や調査機関の権限について知っておこう

税務調査は税務当局に納税義務を検証させる手段である

◉ 調査対象の法人はランク分けされている

税務署では、管轄内の法人を次の3つのランクに分けています。

① 申告や納税の状況が長年にわたって優良な法人
② 過去に滞納や申告の誤りがあった、不正に加担したなど注意を要する法人
③ ①②のいずれにも該当しない法人

このランク分けは、税務署が管轄内に多数ある法人を効率よく調査するために設けたもので、法的な基準が定められているわけではありませんし、公表されません。調査の際には、②に該当する法人に重点が置かれることになりますが、①③の法人であっても調査対象になる可能性があります。

◉ 調査官とはどんな人か

税務調査を担当する国税調査官は、国税庁に国税専門官として採用された国家公務員です。研修期間を経て国税庁や各地の税務署に配属され、納税義務者の個人や法人のもとを訪れて調査を行う他、必要に応じて指導などを行うことを業務としています。

国税調査官には、特別国税調査官、統括国税調査官、上席国税調査官などの役職があります。

国税調査官や上席国税調査官は、統括国税調査官の指示の下、調査を行います。この場合、国税調査官と上席国税調査官が2〜3人で組

んで現場に入ることが多いのですが、対象が中小企業や個人の場合には、国税調査官が1人で現場に出向くこともあります。

特別国税調査官は、統括国税調査官の経験者などベテラン調査官が就任することがほとんどで、大企業や高額所得者など、納税額の大きい対象者の調査を担当します。

このように、調査官のクラスや人数などによって、税務署がその対象をどの程度重要視しているかがわかるので、調査の際に提示される身分証明書（国税質問検査章）を確認しておくとよいでしょう。

● 総合調査特官とは

通常、国税調査官は税目によって担当が分けられています。所得税などは個人課税部門、法人税などは法人課税部門、相続税などは資産課税部門といった具合です。しかし、平成12年からは税目にとらわれない「総合調査」の担当部門が新設され、特別国税調査官が配属されるようになりました。これにより、一度に必要な調査を横断的に実施できるため、たとえば、ある会社が資産隠しのために取締役の個人事務所の口座を利用するなどの不正があった場合にも効率よく調査・発見することが可能になっています。

● マルサと税務調査はどう違うのか

映画で有名になった「マルサ」は、国税局調査査察部のことです。大口・悪質な脱税者を摘発することがその仕事です。このためまずは慎重に証拠の収集や事実の確認（内偵）を行い、脱税の可能性が高いと見込まれる場合には、裁判所の許可を得て強制調査を行います。強制調査の結果、脱税していることが判明すれば、対象者を検察に告発することになります。

一般の税務調査はあくまで任意の調査ですから、強制的に調査を行うマルサとは役割が大きく異なります。

3 税務調査の手法について知っておこう

税務調査には任意調査と強制調査がある

● 税務調査は任意調査が通常である

　税務調査には、大別して「任意調査」と「強制調査」があります。通常、税務調査といえば任意調査を意味します。任意調査には、強制力はありませんが、納税義務者は質問に答える義務があります。

　一方、強制調査とは悪質な脱税犯に対して行われる一種の犯罪調査です。告発（102ページ）を目的として捜索、差押えなどをすることができ、一般に査察と呼ばれています。調査官の具体的な狙いどころは以下の①～⑤のようになっています。

① **収益計上の除外**

　一部の得意先の売上を隠したり、売上品目の一部を隠したりしていないか。

② **費用の過大計上**

　経費の水増しなどをしていないか。

③ **資産の計上除外**

　現金や銀行預金などの資産の一部を簿外としていないか。

④ **架空取引の計上**

　取引事実が存在しないのに、これをでっち上げて、あたかも取引事実があったように会計処理をしていないか。

⑤ **期間損益の操作**

　当期（計算期間における対象事業年度のこと）にまだ消費してない部分を当期の費用に計上していないか。

　調査の結果、これらの行為が悪意をもって意図的に所得減らしの目

的で行われたと税務当局に判断されたときは、重加算税（97ページ）という最も重いペナルティの要素をもつ税金が課されます。

また、悪意がなくても、納税者が考える所得計算と税務当局が判断する所得計算に相違があった場合も、過少申告加算税という税金が課されます。こうした見解の相違を生じさせることのないよう、全国の国税局や税務署で、事前に確認ができるようになっています。一方、税務署の処分に不服がある場合には、不服申立ての制度もあります（108ページ）。

● 任意調査には準備調査と実地調査になる

調査目的と調査場所などから準備調査と実地調査に区分されます。

① 準備調査

主に税務署内で行う調査をいいます。場合によっては文書や電話、呼び出しなどの形で対象者に問い合わせが入ることもありますが、基本的には対象者も知らない間に調べられることが多いようです。準備調査により、実地調査が必要かどうかといったことも判断されます。

具体的には次のようなことが行われます。

・机上調査

納税義務者の提出した確定申告書や決算書などの資料をもとに、税務署内で調査する手法です。

・外観調査

調査対象者として選定するかどうかの資料収集を目的として、不動産の状態や取引先の確認、来客数など調査対象先の概況を外から調査する手法です。

・書面調査

申告の内容について調査官が疑問に思う点について、対象者に文書で問い合わせをする手法です。

・呼出調査

対象者を税務署に呼び出し、申告書の内容などについて説明を求める手法です。

② **実地調査**

実際に調査先に出向いて帳簿書類その他の物件を検査することで、一般に税務調査といえば、この実地調査を意味します。具体的には、次のようなことが行われます。

・一般調査

対象者が提出した申告書が、法律の規定に従って作成されているかどうか、また、その内容が正確であるかどうかといった点を確認していく手法です。帳簿や伝票などの資料をもとに確認していく作業が中心になります。

・現況調査

対象者の現況（現在の状況のこと）を確認するために、抜き打ちで行われる調査のことをいいます。通常の税務調査の場合には、事前に実施日時などの連絡が入ります。しかし、たとえば現金取引が主であるなど、税務署が必要と判断した場合には、現況調査が行われることがあります。

・反面調査

調査対象者の取引先や取引銀行などに対し、取引の実態調査を行う手法です。直接の調査対象者の帳簿などを調査しただけでは実態をつかむことが難しいときに行われます。場合によっては、従業員（退職者を含む）やその家族にまで調査が及ぶこともあります。

・特別調査

脱税など不正が行われている可能性があるが一般調査だけでは確定できないといった場合に、より詳細に、厳しく行われる調査です。

・特殊調査

通常、税務調査は単独の個人や法人に対して行われるが、それだけでは把握しきれないといった場合に、グループ企業なども含めて総合

的に行われる調査です。

● 強制調査は一種の犯罪調査である

　不正の手段を使って故意に税を免れた者には、正当な税を支払わせることはもちろん、社会的責任を追及するため、刑罰を科すことが税法に定められています。こうした悪質な納税者の多くは、申告書の改ざんや資産隠しなど、任意調査だけではその実態が把握できないように細工をしているため、強制的権限をもって犯罪捜査に準ずる方法で調査する必要があります。

　このように、**強制調査**とは、悪質な脱税犯を検察に告発することを目的として行われる一種の犯罪調査です。対象者の許可なく家屋に立ち入ったり、所有物を捜索する、証拠物を押収するといったことを行いますので、事前に裁判所の許可を得ることになっています。その執行には、各国税局に配置された国税査察官があたります。

■ 税務調査のしくみ

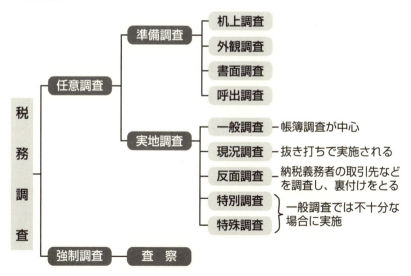

Q 粉飾決算があった場合には税務調査でどのように扱われるのでしょうか。

A 粉飾決算とは、貸借対照表や損益計算書などにおいて売上げや資産の水増しを行い、実際の利益よりも多く見せかけることをいいます。粉飾決算は、主に取引銀行に対して行うのが普通です。お金を借りやすくするために実際よりも売上を多く計上したり、支出を減らすことで、利益を多く見せかけるものです。

このような粉飾決算での問題は、銀行に対する問題と、税務署に対する問題の2つがあります。

銀行に対する問題は、銀行を騙してお金を借りている、または、借りようとしているのですから、発覚したときは、詐欺として取引の停止、つまり、貸出の停止や一括返済が求められるということです。

一方、税務署に対する問題は、会社の業績をよく見せている分だけ、支払う必要のない税金を多く支払っているということがあります。銀行に融資を申し込む際、税務申告書も一緒に提出を求められますので、税務署だけに本当の決算数字を提出することはできないからです。

このように、銀行からは非常に厳しく対応される粉飾決算ですが、税務調査では、ちょっと違います。悪いことをしても、税金を実際より多く払っている場合、税務署は何も言わないのです。実際、粉飾が発覚しても、黙っていれば、その申告は通ってしまいます。調査官が「修正申告するかどうか」を聞くだけです。

ただ、粉飾決算とは別の理由で税金が増えるようなことが起こった場合は、粉飾決算によって発生した税金の減額修正と、粉飾決算以外の理由で生じた税金の増額修正をそれぞれ行わなければなりません。

しかし、その場合でも、減額修正と増額修正の金額を比べて、減額修正のほうが大きい場合は、両方の修正をしないでそのまますませることができます。

4 税務調査はいつ頃入るのか

税務署の判断で決められる

● どのような場合に調査するのか

　税務調査の対象企業を選定するための明確な基準などは特になく、調査を行う税務署や国税庁が管轄の全企業の中からランダムに抽出するということになっています。つまり、すべての企業に対象となる可能性があるということです。サイクルとしては、3～7年に1回程度になることが多いようですが、中には「10年間一度も税務調査を受けていない」という企業もあります。

　ただ、税務調査の目的は、「誤った税務処理を正す」という点にあるわけですから、毎年間違いなく税務申告を行っている会社ばかりを調査しても効果は薄いでしょう。このため、①過去に不正があった、②不正がよく見つかる業種である、③黒字が何年にもわたって続いている、④売上は伸びているが、それを上回る勢いで人件費や外注費などの経費が伸びている、⑤大きなプロジェクトを成功させた、などの条件にあてはまる企業は、税務調査の対象になりやすいといえます。

　この他、内部や取引先から脱税の情報がもたらされ、真実味があると判断される場合には、調査対象として選定されることになります。

● どのようなスケジュールになっているのか

　企業に対する税務調査は、1年の中でも9月から11月頃の時期が最も多くなっています。これには、税務署の事務年度が7月から翌6月末であることや、人事異動の時期が7月であること、3月決算期の企業が多いことなどが関係していると言われています。ただ、この時期に連絡がなかったからといって「今年は税務調査を免れた」というわ

けではありませんので注意してください。

調査対象になると、税務署などから事前に、原則として電話により調査日時や場所などについての連絡が入ります。このとき、業務や顧問税理士の都合など、特別の事情があって受入れが難しい場合は、日程を調整してもらえるように相談することもできます。

● 事前連絡なく調査に来るケースもある

税務調査の対象になった場合、税務署から事前連絡が入ることは前述しましたが、毎回必ず連絡が入るかというと、そうではありません。場合によっては連絡なしに突然調査官がやってくることもあります。これを**現況調査**といいます。

現況調査は、飲食店など現金商売をしている企業や、情報提供によって脱税の疑いが濃いと見られる企業などを対象に行われるもので、事前に連絡をすると証拠を隠される可能性があることなどからこのような手法がとられています。現況調査は建前上は任意とされていますから、調査を受ける企業側が拒否すれば調査はできないことになります。

しかし、事前通知なしに税務調査をしても法律的な問題はないという最高裁判例があることや、調査を拒否することによって脱税の疑いが深くなるということを考えると、調査を受け入れざるを得ないというのが現実でしょう。

● 調査日数はどのくらいかかる

税務調査にかかる日数は、会社の規模や担当調査官の人数などによってまちまちですが、おおむね2日から1週間程度ということが多いようです。そのうち、企業の事務所や工場といった現場に出向いて調査をするのが2～3日、後の日は取引先や関係機関の調査、報告書の作成といったことにあてられます。

5 調査内容について知っておこう

細かい証憑もおろそかにしてはいけない

● 何を調べるのか

　税金には、法人税、消費税、所得税、相続税、贈与税などがあります。複数の税目にわたって調査ができる総合調査を担当する調査官もいますが、今では一般的な調査官も複数税目にわたって調査が行われます。調査対象になる書類には図（次ページ）のものがあります。

　申告された税金は、正しく納付されなければなりません。そのために税務調査があるわけですが、とはいえ、何年たっても調査ができ、**更正**（申告された所得額や税額を税務署が変更すること）や**決定**（税務申告すべきところ、していなかった者に対し、税額などを決めること）ができるとなると、企業側はいつまでも関係資料を保存しなければなりませんし、「いつ追徴されるかわからない」という不安定な立場に置かれてしまうなど、いろいろ不都合な点が生じます。このため、更正や決定ができる期間に上限（除斥期間）を設け、税務調査についても除斥期間を超えてさかのぼることはしないことになっています。

　更正・決定の除斥期間は、原則として5年です。ただし、不正等が認められる場合は7年まで遡ることができるとされています。

　なお、近年では、情報技術の向上に伴ってインターネット上にデータが保存されていることもあるため、このようなデータの押収を可能にする法改正が検討されています（112ページ）。

● 法人税以外の税金だけの調査はあるのか

　「儲からない会社、儲からない商店には、毎期納めるべき税金はないはずだ」とかけ出しの経営者は期待するかもしれませんが、概して

そのような事はありません。

　消費税の課税標準は「課税売上高（課税資産の譲渡額）」と言い、厳密には法人の毎期決算における売上高とも違います。ですから仮にここ数年業績の低迷が続き、近年決算上の売上高が所定の金額（たとえば基準期間の課税売上高の1000万円）に満たない事をもって「法人税はおろか消費税の納税もない」と思っていた会社が、動産や不動産の譲渡などの課税売上（商品や製品の販売だけでなく、車両や建物と言った償却資産の譲渡など）が別にあった事が判明すれば、調査対象期に消費税の納税義務があった事になるかもしれません。

　また、悪意があったか否かとは無関係に、たとえば、単なる国内取引を輸出と混同して本来課税取引であるものを免税取引として集計したり、前述したような課税資産の譲渡そのものを見落としていたような場合は、納めるべき消費税が過少に計算申告されている可能性があります。このような場合があるので、調査が必要になってきます。

　NPO法人や宗教法人などの場合には、そもそも法人税がかからない場合が多いといえますが、同法人の職員が公私混同して法人から不正な利益供与を受けている事が疑われるようなケースでは、法人税を納めるべきか否かに関係なく法人のその者に対する源泉徴収義務に対する調査が必要になってきます。

■ 調査の対象になる書類

帳簿関係	総勘定元帳や現金出納帳、売上帳、仕入帳、売掛帳、買掛帳、賃金台帳、小切手帳、手形帳、出退勤記録簿、決算書など
証憑関係	請求書や領収書※、見積書、注文書、納品書、タイムカードなど
文書関係	議事録や契約書、同族関係取引の契約書、稟議書など
その他	預金通帳やパソコンなど

※正式な領収書を発行することができない場合、もしくは支払われた金額が全額の一部であった場合などに、仮に領収したことを証明するものを仮領収書という。しかし、後のトラブルの可能性や税務調査対策を考慮すると、仮領収書の多用は好ましくない。

Q 会計帳簿にはどんなものがあるのでしょうか。

A 会計帳簿には、簿記の基礎となる「主要簿」と、その主要簿の記録を補う「補助簿」があります。総勘定元帳は、仕訳帳とともに重要な主要簿で、資金の動きや残高、増減した取引の内容が示されます。これらの主要簿をもとにして決算書(貸借対照表・損益計算書)が作成されます。また、補助簿には、補助記入帳と補助元帳があり、主要簿作成の明細を示す補助的な役割を持っています。「補助記入帳」は、特定の取引についての明細な記録を行う会計帳簿をいい、「補助元帳」は、特定の勘定についての明細を記録する会計帳簿です。

総勘定元帳や補助元帳、現金出納帳、仕訳(日記)帳など会計帳簿と一言でいっても多種多様の帳簿組織(帳簿体系のこと)が考えられます。会計伝票も用途によってさまざまです。これらは日々の取引を記録し、集計するための会計ツールで、貸借対照表、損益計算書などの決算書類を作成する基礎資料になります。

現在はパソコンによる記帳が主流であるため、日々の取引データ入力の正確性と適時性が決算の精度を維持する上で重要です。

会計帳簿の保存期間について、法人税に係る帳簿書類の保存期間は一律7年間です(平成20年4月1日以後に終了した事業年度に欠損金が生じた場合は9年です)。ただし、会社法では、帳簿の保存期間は10年となっているため、結局のところ帳簿書類は10年間保存しなければなりません。

帳簿書類の保存方法は、紙による保存が原則です。そのため、電子計算機で作成した帳簿書類についても、原則として電子計算機からアウトプットした紙媒体により保存する必要があります。一定の場合であれば電子データで保存することが可能です。

Q 伝票や証憑書類の扱いはどうすればよいでしょうか。

A 日常の取引の中で、相手方との間に領収書や納品書などの取引の証拠となる書類が発生します。それらは証憑書類といわれ、記録として経理上重要な書類となります。証憑書類には、注文書、領収書、請求書、物品受領書があります。ところで、慶弔金や公共交通機関での切符など、領収書の発行されないケースがあります。領収書を受け取ることができない場合には、明細を記入した証明書類が必要となります。特定のフォームを作成し、必ず本人に書いてもらうようにします。

・慶弔金などの場合

招待状や会葬礼状など、出席や参列した証拠となる書類に金額を書いて保存します。

・電車やバスなどの交通費

交通費精算書などに利用した交通機関、経路、金額の明細を書いて保存します。

・その他の場合

支払申請書などに支払事由を書いて保存します。

伝票や証憑書類の整理は、月別、日付順に通し番号をつけ、ノートなどに貼り付けて保存するのが一般的です。これ以外にも科目別に整理するなど、後日帳簿記録から検索できるように日付順、内容別、相手先別に整理します。証憑書類の種類によって使い分けます。

証憑書類などの保存は、原則として7年間ですが、その種類などによっては5年のものもあります。経理の記録であるため、規定のルールにそった保管が大切です。また、電子帳簿保存法により、事前の申請をすれば電子媒体での帳簿類の保存も可能になっています。

6 調査対象はどのように選ばれるのか

選ばれやすい企業もある

● どのくらいの会社が対象になるのか

　税務調査は事業の規模や税額などに関係なく、どこの企業でも行われる可能性はあります。ただ、数年の間に何度も調査対象にされる企業もあれば、創立以来10数年調査を受けたことがないという企業があるのも事実です。この違いはどこから来るのでしょうか。

　法人税の申告をしている法人は、全国に270万社以上あります。税務署は全国に524か所ありますが、調査官の人数は限られているため、すべてを調査するのは不可能に近いでしょう。そこで、選定基準を設けて特に不備や不正が見つかる可能性の高い企業を調査することになっているわけです。

　選定にあたっては、まず重点業種が絞られます。特に好況の業種や、過去脱税の多かった問題業種がターゲットにされることが多いようです。この他、各税務署が管轄の地域内で注目している業種などが選定されます。調査対象になりやすい業種としては、次のようなものが考えられます。

① 現金取引の業種…飲食業、酒屋・理髪、理容業などの小売業など
② 不正の多い業種…パチンコ業、風俗業、貸金業、廃棄物処理業、土木工事業、不動産業など
③ 好況の業種…IT関連企業や家電業、自動車販売業など（地域や調査の時期などによっても異なる）

　重点業種が決まったら、次にその業種の中から調査対象とする企業を選定していくわけですが、このときに選定のための材料とされるのが、確定申告時に提出される申告書や決算書、事業概況説明書などで

す。これらの書類から得られる情報によって税歴表を作成したり、コンピュータ処理をして、一定の条件に該当する企業を抽出します。

この段階で抽出された企業には、調査官が現地に出向いて外観や隣近所への聞き込みなどをする外観調査を実施したり、新聞記事やインターネットなどによる情報収集、申告書以外に税務署に提出される法定調書（「給与所得の源泉徴収票・給与支払報告書」や「報酬料金等の支払調書」など、法律に基づいて税務署に提出することが義務づけられている書類）への調査といったことが行われ、最終的な選定がなされることになります。このような選定段階を経て、調査の対象となるのは全体の5％程度と言われています。

ただ、選定条件から外れているからといって、調査が行われないわけではありません。たとえば、単に「調査の周期が回ってきた」「ボロ儲けしているといううわさがある」といった理由だけでも調査対象になる可能性はあります。

また、毎年正しい申告納税を行っているから調査対象の範囲外になる、というわけでもありません。以前は優良申告法人として表彰されると、5年間は調査対象から外れるというランク付けがなされていたのですが、現在はそのようなことはなくなりました。したがって、いざ調査対象に選定されたときに慌てなくてすむように、普段から正しい税務処理をしておくことが重要です。

● 法人だけでなく個人も対象になる

このように見てくると、税務調査の対象は法人だけではなく、当然ですが個人も調査対象になります。税務署内の個人課税部門、資産部門が担当部門となります。

この場合の「個人」は、事業をしているかどうかは問われません。個人事業主（フリーランスでライターやイラストレーターなどの仕事をしている人や、ネットショップなどを経営している人）、副業をし

ている会社員などはもちろん、パートタイマーや内職をしている主婦なども対象になる可能性はあります。また、仕事をしていなくても、贈与や相続を受けたり、不動産を売買して利益を得たという事実がある場合には、調査対象になる可能性があります。調査される税目としては、下図のようなものが挙げられます。

　所得税の調査の際には法人の場合と同様、確定申告時に提出される申告書や帳簿類などがチェックされるわけですが、個人の場合、帳簿を正確につけていなかったり、申告の必要があるのにしていないといったことも多いのが実情です。特に事業主の場合、ある程度経理をやっていても、会社の経費で私物を購入したり、私用電話と事業用電話の線引きがあいまいになっていて経費として認められないなど、不備を指摘されることも多いようです。修正が多くなればその分、追徴される税金も増えるわけですから、日頃から事業経費と私生活の経費を明確に分けるなど、正確な処理をするようにしましょう。

● タレコミなども考慮されるのか

　税務署やマスコミなどに脱税などの情報が持ち込まれることがあり

■ 個人が調査される税目

所得税	個人事業主、パートタイマー、アルバイトなどの所得や贈与などにかかる税金。譲渡した際の所得税は、不動産や貴金属、著作権や特許権などの資産を譲渡（有償・無償を問わず資産を移転すること。売買はもちろん、交換や財産分与なども含まれる）されたときにかかる税金
相続税	遺産の相続時にかかる税金
贈与税	個人から預金や不動産などを譲り受けた場合や、保険料を支払っていない人が満期や解約によって保険金を受け取った場合など、個人から資産をもらったときにかかる税金
消費税	基準期間における課税売上が1000万円を超える個人事業主が納付すべき税金

ます。いわゆる「タレコミ」の情報です。このような情報は情報提供者の名前がなかったり、嫌がらせで推測や決め付けの内容を伝えたりすることも多いので、慎重に取り扱わなければならないのですが、中には証拠を添付するなどしていたり、あえて名前を名乗って真実を伝えようとしているケースもあります。このため、税務署ではタレコミ情報についても公益通報、第三者通報などとして重視しており、国税庁及び各国税局に公益通報の受付・相談窓口を設けて対応しています。

　特に最近増えているのが、リストラされた退職者や派遣社員、社内での競争に敗れた役員など、過去内部にいた者が不正について通報する内部告発です。その動機には「社会に対する義務を果たしていない」「同じ社員として恥ずかしい」といった社会正義という面もありますが、どちらかというと、むしろ「自分の立場をないがしろにされた」「不当に解雇されて納得がいかない」など、個人的怨恨といった色合いが濃いようです。しかし、あえて記名で内部告発するような場合、動機はどうあれその情報の信憑性は高いと見てよいでしょう。

　税務署は第三者通報による情報をただうのみにするようなことはせず、そのようなルートで情報を得たということを隠して、内容を裏付ける証拠を押さえるための調査を行います。これには、タレコミ情報をそのまま信用するのは危険だということもありますが、内部告発者の安全を守るという意味もあります。

　つまり、企業側は定期的な調査だと思っていても、実はタレコミ情報をきっかけとした調査だったということもあるわけです。

　タレコミによる調査は、税務署がある程度信憑性のある情報をすでに把握していることや、証拠を押さえることを目的として行われることから、厳しい調査になることが予想されます。企業側としては、不正な税務処理を行わないことはもちろんですが、でっちあげの内部告発を行うような人が出ないよう、注意すべきでしょう。

7 どんな会社が調査されやすいのか

黒字企業は要注意

● 赤字会社は調査されないのか

　税務調査は、納税義務のある者が税法の規定により正しく申告納税している事を確認することを目的として実施される調査です。不正や誤りを発見した場合は、それらを修正する事で我が国の自主申告納税制度の円滑な運営を担保しています。この目的からすると、ここ数年業績不振の赤字会社であっても申告内容が正しいかどうかを確認する作業は必要なので、調査対象になる可能性はあります。

　しかし、現実には税務当局も時間的、費用的制約から「効率のよい調査を実施して、少しでも多くの税金を徴収したい」と言うのが本音でしょう。その点、黒字申告の会社であれば、不正などを見つける事ができれば、比較的容易に追徴課税を見込めます。ただ、業績不振の会社では、多少の修正すべき項目を見つけることができたとしても申告当初に見込まれるマイナスの課税所得をプラスに転じることは必ずしも容易でありません。ですから特別な事情（合併や清算などがあった場合、経営陣の交代など組織の根幹に関わる変化があるような場合）でもない限り、調査対象には選択されにくいでしょう。また、企業の規模や業種によって消費税は、決算内容の良し悪しに無関係に納税義務が生じたり消滅しますので、消費税に関する税務上の不備が明らかな場合は、赤字、黒字に関係なく調査対象になり得ます。

　ただし、ここ数年は申告された企業全体に占める赤字企業の割合が7割を超えているようですし、何より決算が赤字であると言っても、そもそも申告された内容が、法人税法に照らして常に正しいとは限りません。しかも中には黒字が出ていてもおかしくない業績好調に思え

る企業であるにもかかわらず、決算を赤字にして脱税をする悪質な企業の存在も予想されます。そのため申告された決算内容に問題ありと判断されれば、たとえ当初、赤字決算として申告している会社であっても、調査する意義は大いにあります。

　飲食業やパチンコ業、廃棄物処理業、土木建築業などの過去に不正発見割合の高い企業や業界全体が好況にあるIT企業などで申告された決算が赤字の場合には、特に調査対象に選択されやすいといえます。調査の結果、当初赤字決算だったものが、実は黒字だったということもあるからです。この調査で架空経費を計上したり、売上高を一部除外する手口で、意図的に赤字決算を組んで、脱税を図ったと判明すれば、追徴課税はもちろんの事、法人税法違反で書類送検され、刑事罰の対象となる事さえあります。その意味では、赤字会社の調査であっても重要な意味があるといえます。

● 規模の小さい会社はどうか

　税務調査は、企業の規模の大小にかかわらず実施されることになっていますから、規模が小さい会社でも100％調査されないとは言い切れません。ただ、小規模な企業で誤りが見つかって修正申告をしても、徴収できる税額も少額になりますので、現実的にはより成果の大きいところの調査を優先することになるようです。

　目安としては、年間売上が1000万円を超えるかどうかという点が重視されます。これは、1000万円以上になると赤字で法人税の納付が不要であっても、消費税の納付義務があることが予想されるためです。

　この他、同規模の企業に対する見せしめ的に調査を実施したり、大企業の少ない地方の税務署などでも調査対象にすることがあります。

● 税務調査されやすい会社とは

　確定申告の申告書の中には、「問題あり」と判断されるものとそう

でないものがあります。問題ありとされるポイントとしては、次のようなことが挙げられます。
① 売上や人件費などが前年度に比べて大幅に変動した
② 売上は上がっているのに、利益が少ない
③ 口座情報や従業員数など必要事項に漏れや誤りがある

　③のようにミスの多い申告書は、それだけで信憑性が低いと見られがちです。提出前に再度漏れや誤りがないかを確認するようにしましょう。

　なお、①②のようなポイントに該当する場合でも、その理由が詳細に説明されており、それが税務署側の納得できる内容であった場合には対象となりません。たとえば「売上が上がったので社員の福利厚生のためにトレーニングマシンを設置した」という場合には、その旨がわかるようにマシン購入時の領収書やマシンの利用状況を記した資料を添付するといったことをするわけです。「よけいなことを書くと、痛くない腹を探られるのではないか」と思うかもしれませんが、税務署も「利益を隠匿しているわけではない」とわかれば調査をせずにすみますから、詳細な資料を添付し、できるだけ事前に具体的に説明するほうがよいでしょう。

■ 税務調査されやすい会社の特徴

調査対象にされやすい会社	
	消費税に関する税務上の不備が明らかな会社
	過去に不正発見割合の高い業界
	業界全体が好況にある企業などで申告された決算が赤字の場合
	売上や人件費などが前年度に比べて大幅に変動しているなど確定申告書に問題ありと思われる場合

関連会社との取引について調査されたときはどうしたらよいのでしょうか。

 関連会社との取引で税務調査が入った時、特に調べられるのは、①取引条件、②お金の貸し借り、③勤務実態のない従業員給与の3点です。

中でも、①は最も念入りに調べられます。調査を受ける側として注意すべき点は、「第三者と取引しているのと同じ条件で取引していることを証明する」ということです。

取引条件について、税務署が疑うのは、取引を装って、利益を関連会社に移しているのではないか、ということです。利益を移す行為を「利益調整」といいますが、具体的には、関連会社に通常よりも高いお金で業務を委託するといった場合が考えられます。こういったことをすることで、税金の支払いを少なくしようとするわけです。利益調整は明らかな脱税行為として罰せられます。

したがって、利益調整であることを疑われないためには、関連会社との取引であっても、他社との取引と同様の条件で行っていることを説明する必要があります。具体的には、取引条件を書類で明確に決めておき、ずっと、その条件で取引を行う、他の企業と極力、同じ条件で取引するという条件の両方を満たす必要があります。

②のグループ間でのお金の貸し借りでは、しっかりと借用書を作り、金利も市場金利に近いものに設定します。返済計画も作成し、それに沿って返済するようにします。無利子融資や、返済のあてのない融資などは絶対にしてはいけません。

また、③のように関連会社から勤務実態のない従業員の給与が出ているということもよく指摘されます。勤務の実態と給与支給に整合性がとれるようにしておきましょう。

第2章

税務調査前・当日の準備とチェックポイント

1 調査に来ると連絡があったらどうする

事前準備を怠らないこと

● 原則として連絡がくるが抜き打ち調査もある

　通常、税務調査は隠ぺいや偽装工作など、「調査の妨げ」が予想される場合を除いて、原則として税務署から調査の日程について事前の連絡があります。調査への準備期間があれば税務調査がスムーズに行われるからです。

　調査官は税務調査の前に準備調査をしている場合がほとんどですので、調査の日程が決まったら、調査を受ける事業者も十分な準備をして、スムーズに調査が終了するよう心がけましょう。

　しかし、現金が取引の中心となる商売の場合や不正の疑いがある場合に限り、事前に連絡がない**抜き打ち調査**も時として行われます。

　現金取引の商売の場合は、調査官が現金の残高と帳簿の内容が合っているかを調べますが、その場合も帳簿類がないと調べることができず「いい加減な処理」をしていると判断されてしまう事にもなりかねません。そのようなことがないよう、常日頃から前日までの現金出納帳などの処理を整えておく必要があります。

　抜き打ち調査といっても何もやましい所がなければ、何も隠す事はありません。

　抜き打ち調査の際に特に気をつけるべき点は、まずは落ち着いて不必要な雑談には安易に乗らないようにするということです。

　調査とは関係のない調査員の雑談にのって趣味や旅行の話、業界の話へと話題が進むことが考えられますが、そこからすでに調査の一端です。痛くもない腹をさぐられるワケですからマジメに対応するようにしましょう。

調査には協力的に応じるべきですが、どうしても都合が悪い時などは、後日でも問題ないものについては再度、日を改めて調査してもらえるように相談してみましょう。

　通常の税務調査でさえ不安になるのが普通ですので、抜き打ちともなれば、慌ててしまう心情は理解できるところですが、調査されることがすぐさま追徴課税となるわけではありませんので、そこは、落ち着いて対応しましょう。

◉ 連絡がきたら準備しておくこと

　税務調査の日程が決まったら、調査が実施されるまでの間にできる限り帳簿や資料を整理しておきますが、限られた時間の中で効率よく必ず整理しなければならない事柄に留意して整理しましょう。

　経営者や経理担当者のデスクまわりは特に注意して、もちろんそれ以外の机の上や引き出しの中も確認して、問題になりそうなものがそのまま残っていないかよく確認してください。金庫や机、ロッカーなど、いつも目にしているものは得てして見落としがちなので忘れず整理するようにします。

　税務調査では一般的に過去3期にまでさかのぼって調査をすること

■ 税務調査の前に準備しておくこと

- □ 机や引き出しに問題になりそうなものが入っていないか
- □ 過去3期までの伝票や請求書などの書類に不備はないか
- □ 紛失書類について再発行できるものはないか
- □ 人件費関係の書類につじつまの合わないものはないか
- □ 帳簿類に不要なメモや付せんが残っていないか
- □ 調査作業をしてもらう部屋を準備したか
- □ 不安な点について税理士に相談したか

が多いので、その期間内の伝票、請求書や領収書を整理し、契約書や稟議書を含む証憑類や給与台帳や一人別徴収簿をそろえ、帳簿類をきちんと整理した上で、時間が許す限り未処理のものがないか確認しましょう。

整理した伝票や資料は調査作業をしてもらう一室に事前に用意しておき、資料を探すためにあちこちよけいな資料や場所を見られないようにします。別の場所を見せたために不必要な事柄まで調べられることがないようにします。

調査の中で一番厳しい目を向けられるのは人件費ですので、給与台帳や一人別徴収簿は事前につじつまが合うことを確認しておくことが必要です。

これは人件費の名目で裏金を作るなどの不正行為が多くなっているためであり、疑いがある場合には、給与を支払っているパートが実際に在籍しているのかどうかや交通費の支払い、事務所内での着座位置から、扶養控除の申告書まで調査されますので、あらかじめ提示できるよう用意しておく必要があります。

また過去の伝票や帳簿全般において、書き込みやメモまたは付箋などがそのまま残っていないか確認しておきましょう。過去の伝票とは言え「調査中」や「確認中」などといったメモをそのまま不用意に残しておくと、処理がなされていないとみなされてしまうことになりかねませんので、調査官が調べそうな伝票や帳簿にはくまなく目を通して、段ボールなどにしまい込んだ過去の伝票なども、すべて確認しましょう。

また資料などを準備した上で、税理士と十分相談しておきましょう。

◉ 帳簿などを紛失したら

日頃から正しく帳簿をつけて、必要な資料も7年間または9年間は保管しておくことが求められますが、やむを得ず紛失した場合は、申

告の元になった資料を使って説明する他に方法はありません。

　紛失した領収書などが少額である場合は注意程度ですむことがありますが、パソコンのデータは紙に出力し、取引先に領収書や請求書の再発行を依頼するなどして、できる限り税務調査前に帳簿類や資料をそろえておきましょう。特に金額が大きいものはなるべく再発行してもらう必要があります。

　しかし、帳簿類や資料が一切残っていなかった場合は「推計課税」という、調査対象となる事業者の取引先に取引状況を確認したり、同業者の所得を調査して、おおよその所得を推計して課税しようとする課税方法が採られます。

　税務署は推計で税額を計算しなければならないので、取引の実態を把握するためには、当然取引先で詳しい調査を行うことになります。税務調査を受ける会社の信用問題となり得ることもありますが、この調査自体が苦肉の策なので、それを理由に調査を拒むことはできません。

　いずれにしても、調査の対象となる帳簿類を紛失した場合には、税務調査の前に調査官に連絡しておいたほうがよいでしょう。

● 税理士や担当者と打ち合わせをしておく

　調査官が必要と判断した場合は、経理担当以外の社員も調査の対象となることがあるので、調査に対応できるように、それぞれの部門ごとに担当者を決めて準備する必要があります。

　また、調査官に直接対応して帳簿や資料を出し、質問に答える担当者も決めておきましょう。質問は経理以外にも及ぶ可能性もありますので、その場合は誰が担当するのかを決めておきます。その他、社内の関連する部門とも、税務調査に対応できるように連携をとる必要があります。

　また各部門ごとに責任者を決めて、取引などに係わる実態を理解してその処理が適切であるかどうかを調査の前に一通り確認しておきます。

税務調査が行われるときには、一般的には税理士に立ち会ってもらうことが多いのですが、税務調査を受けるのは、当然会社もしくは個人事業者であり、調査官には経営者や経理担当者が直接対応することになりますので、追及されることが予想できるような問題がある場合は、事前に対処の方法を税理士に相談しておくとよいでしょう。

思わぬ所を突かれることも予想される税務調査ですから、経理担当者が不安に感じているところであればなおのこと、追及される事を見越して、あらかじめ対処法を税理士と相談しておくことで落ち着いて対応することができます。

● 経営者の心構え

帳簿上の細かい事柄については経理担当者でなくてはわからないこともあるので、担当者が調査官に対応することが必要です。しかし、経営や主だった取引に関することなど、経営者が対応することができる事柄については経営者自らが対応し、調査官が必要とする調査に協力的に対応することで調査官への印象がよくなることも考えられます。

任意の調査の場合はあらかじめ日程もわかっているはずなので、税務調査は担当者まかせにせずに、できる限り経営者も現場で対応しましょう。調査官も人間ですから人によって判断が分かれるような場合には好影響を与えることも考えられます。

初めて税務調査が入ることになれば、どんな経営者でも不安になりますが、会社を経営していれば、いずれは経験することになりますので、この機会に税務調査の方法や自分の会社の経理担当者がどんな仕事をしているのか、現場の実態を把握しておけば今後の経営にも役立つと考えて前向きに取り組むようにしましょう。

● 担当者の心構え

まず、税務調査の日程が確定したら調査の対象となる年度を確認し

て、過去何年分の帳簿や伝票類が必要になるのかを把握します。そしてそれらの帳簿、伝票、請求書などすべてを決算期と年月ごとに整理して、必要なときにいつでも提示できるよう準備します。

　また、事務処理上不明な点や問題があったことを示すメモなどが伝票に添付したままになっていないかを確認するようにしましょう。

　帳簿の走り書きや伝票に付箋などをそのまま残してはいないか、担当者は事前に帳簿や伝票類のすべてに目を通して確認しておくことが必要です。調査官の目に止まれば、そこを詳しく調査されることになります。

　経理担当者にとって税務調査は普段の仕事がすべて確認される事になりますので、とても不安になるものです。しかし、正しい処理をしていれば何ら問題はありませんので、落ち着いて対応しましょう。

　税務調査が経理担当者の協力によってスムーズに運べば、調査官の心証も随分違ってきます。経理担当者は税務調査に対する事前準備を万全に整えましょう。

■ 経営者・担当者の心構え

● 経営者の心構え
- 調査に対応する人についての役割分担を決めておく
- 担当者に任せきりにしない
- 質問されたことに対しては率直に対応する

● 担当者の心構え
- 質問にいつでも対応できるように帳簿・書類を整理する
- 帳簿や伝票類のすべてに目を通しておく
- 正しく処理されていれば問題はないので、落ち着いて対応する

2 当日までにどんなことをしておくべきなのか

帳簿や書類の管理をしっかりしておく

● 最低限そろえておきたい書類とは

　帳簿や書類についてはその保存期間が法律で決められています。各帳簿と書類については保存期間と保存場所や保存方法についての決まりごとを全社的に周知徹底して管理するのがよいでしょう。

　現金出納簿や売上仕入れに関する帳簿類、損益計算書や貸借対照表などの決算書、現金や領収書など、現金や預貯金に関する証憑書類や有価証券売買計算書の証憑書類、その他の帳簿以外の代用書類は保存期間が7年と定められています。領収書や契約書その他、棚卸資産関係の証憑書類の保存期間は5年です。

　これらの帳簿、書類は調査の際の主たる対象とはなっていなくても、必要になったらすぐに提示できるようにしておきましょう。

　税務調査の対象となることが多い過去3期分の資料はもちろんですが、それ以外の書類についても定められた保存期間はしっかり管理しておきます。

　税務調査が円滑に進むよう、調査日までにそろえておきたい書類は次ページの図の通りです。

　前述した帳簿や資料については、調査をする場所に用意しておきます。それ以外の資料についてはすべてを目の前に出しておく必要はありませんが、いったん必要となればすぐに該当する書類や資料を提示できるように整理しておきます。資料の管理がきちんとできていれば、とりわけ現金の日次在り高と出納帳の日次残高とが一致していれば、調査官の心証もよくなりますし、調査も円滑に運ぶので結果として調査の早期終了につながります。

● 日程は変更できるのか

　税務調査の前に連絡しても差し支えないと税務署に判断された場合には、事業者が事前の準備もできるように、あらかじめ税務調査の日程が事業者に連絡されます。これは日程調整のための連絡であるので、都合が悪い時には変更が可能です。ここで日程を決定したら、安易に変更はしないほうがよいでしょう。

　日程を延ばした場合などは、その理由を推測されてしまうことも考えられますので、税理士とも相談して都合のよい日に調整するようにしましょう。

　調査しても明らかに売上追加が見込めない場合など、調査は早期に終了することもありますが、調査の内容によっては１週間に及ぶ場合もあります。

　税務調査には協力的に応じなければなりませんが、しかし、日々利益を上げなければならない民間の企業にとっては、営業活動や業務が調査のために停滞するのは重大な問題であることも事実です。

　あくまで目安にはなりますが、事前に調査にかかる予定の日数を確

■ 調査までに用意しておきたい書類

①営業関係の書類	見積書と納品書、請求書とそれに関連した契約書
②資金関係の書類	総勘定元帳、現金出納帳、入出金伝票、小切手の控え、売掛帳・買掛帳は３期分
③意思決定関係の書類	契約書、稟議書、議事録、賃貸と家賃の契約書、同族関係取引の契約書
④人件費関係の書類	給与台帳、扶養控除申告書、タイムカードや出勤簿、社会保険関係の書類、役員報酬改定の議事録
⑤仕入・外注・在庫の書類	見積書、納品書、請求書、実地在庫表
⑥その他、準備すべき資料	経営者個人の預金通帳と法人の当日の現金残高（金庫などの所定の保管場所にある現金在り高）と銀行などの金融機関発行の取引通知書

認しておくと、社内の予定も立てやすくなります。

● 調査前日までに確認しておきたいこと

　以前にも税務調査を受けたことがある場合は、前回の調査で指摘された事柄や改善を促されたものが、現在は適切に処理されているのか確認します。以前の調査で指摘された事項や、改善することを前提に追徴されなかったものは、二度目の調査では重視して調べられますので、税法上認められずに追徴とならないように、確実に改善の跡が見えるようにする必要があります。

　それぞれの指摘事項に対してどんな改善策をとり、現在はどのように処理しているのかを、調査官に説明し、納得してもらえなければなりません。

　税務調査とは、申告が正しく行われているかどうかを税務署が確認する調査ですので、調査前日までに自ら、確定申告や申告の元となっている資料に間違いや計算違いがないかを確認しておくとよいでしょう。

　顧問税理士がいるのであれば、顧問税理士にも協力してもらって、過去の確定申告書や決算書類について改めて問題点をあぶり出し、関係者で知識を共有するようにします。その上で帳簿と申告書との間に整合性のない事や、明らかに間違った処理などの経理、税務の基本と思われる部分については、税理士とも相談の上、税務調査で税務当局から指摘を受ける前に、会社に有利と思われる事後処理策を探り、事前に調査官に説明できるよう準備しておくのがよいでしょう。

　税務調査とはいえ、申告内容に誤りがあったとしても、正しい税金を納めればすむことがほとんどですし、調査する側の心証を害する対応さえしなければ、必ず追徴課税されるというものでもありません。調査官も人間ですから、「よい心証を得る」というのが、結構大事なことだと理解しておいてください。

　その上で、調査前日に行ってほしい調査官のよい心証が得られるか

もしれない手続きを一つだけご紹介します（「よい心証を得る」＝「媚<ruby>を得る<rt>こび</rt></ruby>」ではありません。「会社の経理システムの信頼性が高まる」ことをいいます）。決算書類の改ざんでよく問題となる科目が商品製品、原材料などの在庫です。「期末在庫を意図的に膨らませることで売上原価を減らす」、あるいは「期末在庫を圧縮することで売上原価を増やす」などのように、粉飾決算や逆粉飾決算に利用するのです。

そこで、たとえば、過去3事業年度の調査を受ける際に、在庫勘定元帳の各期末残高、在庫受払台帳の各期末在高と決算書の各在庫金額とが一致していることを確かめておくと、中小企業としては、高い評価を受けることができると思います。この手続を**帳簿たな卸し**といいます。

なぜなら上場企業などでは、当たり前のことですが、かつて倒産した上場企業でも決算に粉飾（ないし逆粉飾）がある時は、まず在庫金額に手を入れるケースが多いのです。より厳格には実地棚卸手続（棚卸資産の算定の際、実際に数を数えて確認すること）がありますが、調査を受ける際は、そこまでしなくてもよいでしょう。帳簿たな卸しはさほど手間もかからないでしょうから、ぜひ試してみてください。

● 当日お茶や昼食は出すべきか

来客に対する接待を重んじる人は、調査当日の調査官に対する食事

■ 税務調査の際の注意点

受入体制についての事前検討	…… 申告書・契約書・稟議書などの事前検討
グレーゾーンの主張	…… 税務当局の指摘を即座に受け入れない
質問に対する返答および態度	…… 調査に積極的に応じる態度が必要
質問回答の事前確認	…… 事前に回答内容をチェックし、問題を大きくしない

などの接待についてあれこれ悩んでしまう場合もあるようです。
　調査官にお茶やコーヒーを出すくらいでしたら問題はありませんし、来客に対する常識的な対応だといえます。
　しかし、食事の用意は全く必要ありませんし、調査官は「国家公務員倫理規定法」によって接待などについては必ず断らなければなりません。
　調査官は昼食の際に弁当を持参するか、外出して昼食をすませますが、近くに食事ができるところがない場合は、調査官が代金を払い、出前を取ってくれるように依頼されることもあります。
　調査を受ける側にしても、昼食の時間はなるべく税理士や担当者と同席して今後のための打ち合わせの時間にするのが得策です。
　ムリに勧めれば調査官の迷惑になりますし、高級な料理などを用意したために、変に疑われても困りますので、お茶などを勧める程度にしておいたほうがよいでしょう。

● 調査当日に準備しておくこと

　税務調査に必要な帳簿や書類の整理は、事前に充分にしておく必要があります。
　ここまで書き連ねてきたことは、基本的に前日までにすべて終えておけば、当日は調査官の到着を待つだけですが、その心証をよくするために、前日行うべきとした在庫の帳簿たな卸し（前ページ）に続き、当日にも行うべき手続きを一つ示してみます。
　会社の始業後一番で、金銭出納帳の当日初の現金在り高と現金勘定元帳の当日初残高、および今現在の会社金庫内の現金実在金額を合わせておきましょう。また、調査そのものが、会社の始業直後もまだ始まらない場合に、業務の都合で当日始業直後にも現金の払出しが必要な経費の支払いがある時は、最低限、当日初（＝前日末締後）の金銭出納帳の有り高を基準に、当日の出金記録を調整しておき、いつ現金

実査する事を求められても実査の結果が、金銭出納帳のあるべき現金在り高と一致するように意識して現金の受払を行うようにしましょう。

これも前述した在庫のたな卸し同様、会社の経理システムの信頼性の評価につながり、調査官の心証をよくすることになります。この手続を現金実査といいます。現金実査の手続きが有効であるためには、日々の現金の受払記録、つまり金銭出納帳の記帳が日々正しくタイムリーに行われている必要があります。そうしないと実査によって把握された現金在り高という事実を、金銭出納帳は反映していると判断できないことになり、会計帳簿の信頼性に対する調査官の心証を害する一因となりかねません。

■ 調査当日に確認すること

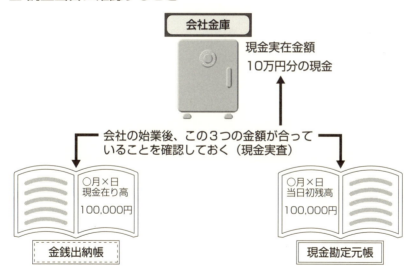

Q 税務調査を早く終わらせることはできるのでしょうか。

A 税務調査によって成果をあげなければ調査官が税務署に対して面目が立たないために、より厳しい調査を受けることになると考え、税務調査官が成果をあげられるように、自らわざと軽い申告漏れを事前に用意しておくことを「おみやげ」といいます。

多くの場合、税務調査を早く終わらせたいと考えたり、調査を円滑に進めたいと考える経営者が「おみやげ」を用意することを考えるようです。実際に身近な例で税務調査の結果、多額の追加税金を取られたなどという話を聞いたことがあれば確かに不安になると思いますが、調査されれば必ず追加の税金を取られるわけではありません。

税務調査は申告を元にその申告が正しく行われているかどうかを確認するための調査ですので、普段から正しく適正に処理をしていれば問題はありませんし、税務調査の際に調査官の機嫌をとるような言動も必要ありません。

税務調査で領収書や請求書などの資料不足があった場合でも、後日必要な資料などを提示すればそれですむものもあり、直ちに追加税金をられるというものではありません。ただし、税法の解釈の違いによって意見が異なるような場合もあり、確かに調査官によって判断が分かれる部分もあります。この場合はすぐさま答えが出るものばかりではありませんが、そのために「おみやげ」を用意して自ら本来不必要な税金を払う必要はありません。特に近年、調査官一人当たりの調査件数が増えているので、大きな追加税金を見込める場合は別として、必然的に1件ごとの調査にかけられる時間が短くなっていることもあります。「おみやげ」については人によってはさまざまな意見があるのも事実ですが、「おみやげ」を用意することは当然、「正しい申告ではない」ということを認識する必要があります。

3 リハーサルはしておいたほうがよい

税理士に指導してもらい、想定問答を準備しておく

◉ リハーサルをすることの重要性

　税務調査が入る前に泰然自若として構えていられる人は、ほとんどいません。どんなに経験豊富な経理のプロでも、緊張します。それは、そもそも会計が「記録と慣行と判断の総合的所産」の産物であると昔から言われているように、環境が変われば真実とされるところも変化することを許容した相対的真実性を指向しているからでしょう。

　さらに法律にも必ず解釈が伴います。税法にも解釈が伴いますし、解釈の仕方で論議が分かれ、価格移転税制など、未だに完全な「正解」が存在しない問題も山ほどあるのです。しかも、日本の税制は世界の中でも最も複雑です。脱税をしている場合などは論外ですが、1990年代後半以降、国際会計基準に対応させるために、日本の会計基準が改正・追加され（会計ビッグバン）、所得金額算定の基礎である会計基準そのものが著しく変化し、精緻化され、これによって税法も整理されてきた現在では、きちんとした会計処理をしているつもりでも、どこかに問題があるのではないかと心配になるのは当然のことなのです。

　しかし、絶対的な真実がないからこそ、調査官への対応の仕方によっては思わぬところで足をとられ、修正申告や追徴課税となる場合があります。したがって、自らの不安を落ち着かせるためにも調査官にあげ足を取られないためにも事前の準備が不可欠になります。

　準備の中でも、**リハーサル**をすることは本番さながらの訓練をすることにより調査官への正しい受け応え方を身につけられるばかりでなく、①会計処理のミスを見つけることができる、②帳簿類をはじめ、

必要書類の再チェックもできるといったメリットが得られる点で、非常に価値があります。決して面倒だとは思わないようにしましょう。税務調査は、しっかりと仕事をして利益を上げている企業に対して行われるものなのです。万年赤字だったり、事業が左前の企業には、案外、調査は入らないものです。調査が入ることは、むしろ自分たちの会社が社会に認められている証なのだと思い、その「期待」に応えるという気概で構えてください。

● どんなことを訓練するのか

　リハーサルは本番と全く同じ状況・設定で行います。リハーサルで訓練することは、調査官の質問に対する答え方です。さらに、行うべきこととして、①帳簿類をはじめとした必要書類の不備がないかなどのチェック、②会計処理のミスの発見があります。

　実践と全く同じ設定で行うのですから、リハーサルも実際に調査を行ってもらう場所で行うのがよいでしょう。調査官は通された部屋のなかのモノにまで目を凝らして、不正がないかを調べようとします。社員のちょっとした立ち話にも耳をそばだてます。したがって、調査官にはできる限り必要最低限の情報以外が得られないような場所で仕事をしてもらうようにします。会議室か応接室でよいのですが、なるべく経理部門に近く、社員が近寄らないような場所を選ぶようにします。壁に貼ってあるものはすべて剥がし、机と椅子だけにします。

　リハーサルでは、調査官については経理をよく知る社員の2〜3人で構成し、回答側には、実際の調査の際に対応する経理担当者が座ります。また、調査本番の冒頭では会社の状況説明を求められるのが一般的ですので、その際には社長が説明するのがよいと考えられます。したがって、リハーサルには社長も回答者側として同席します。気になっている点や疑問点は皆で検討し、後に残さないようにしましょう。

● 調査官の立場でリハーサルをする

　リハーサルは経理を預るリーダー（顧問税理士がいれば、税理士も可）の指導通りにするのが基本ですが、実際の調査の際に対応する各経理担当としても、どのような姿勢で臨んだらよいのかを知っておけば、いざ本番のときに適切なアドリブもできます。調査に臨む際の最も重要な点は調査官の立場に立って考えることです。調査官が調べようとすることの予測がつけば、こちらの対応もずいぶん楽になります。

　調査官が重点的に調べる項目としては、①納税者全般がミスを犯しがちな項目、②納税者が意図的に申告を少なく見せようとしがちな項目、③納税者が不正に申告しがちな項目、④業界の特徴から起因するミスが起こりがちな項目があります。4つの項目に共通しているのは「〜しがちな」という言葉です。つまり、ミスや不正な申告にはパターンがあるということなのです。調査官は長年の経験からこのパターンがわかっているのです。したがって、経理担当者としては国税庁や各地方の国税局が毎年度発表している「法人税の課税実績」という統計資料などをもとにこれらのパターンを推理した上でリハーサルに臨むことが有効といえます。

　また、調査は、その時の景気や経済状況によっても内容が大きく変わります。「流行」があるのです。したがって、現在の景気や社会情勢を日頃からよく調べておくことも大切です。

■ リハーサルの実施と本番への準備

第2章　税務調査前・当日の準備とチェックポイント

● 調査官には質問検査権がある

　国税庁・国税局・税務署の職員は、所得税・法人税・消費税などに関する調査について必要があるときは、納税義務者などに質問し、その者の事業に関する帳簿書類その他の物件を検査し、当該物件の提示・提出を求めることができます（国税通則法74条の2第1項）。これを**質問検査権**といいます。このように調査官には、納税義務者に対して質問したり、その帳簿書類などを検査する権限が与えられています。

● 質問にどう答える

　受け応えの仕方の基本として常に言われるのは「的確な回答をする」ということです。これは、質問に対して必要最小限の受け応えをするという意味です。決して多くを話す必要はありません。調査官は自分の成績のために「できる限り、たくさん徴税しよう」という気持ちでやってくるのです。ですから、調査に臨んで誠心誠意の対応は不要どころか、場合によっては調査官に揚げ足をとられることになりかねません。

　また、調査の際には、愛想良くする必要は全くありません。むしろ、緊張した面持ちで迎えたほうがよいでしょう。愛想がよくても調査は甘くなりませんし、緊張した顔をしてもそれが理由で調査が厳しくなることはありません。実際、緊張しているのですから、素直に緊張した表情を見せるほうが自分自身、楽になります。緊張を素直に表すのはよいのですが、それが行きすぎて「おどおど」しないようにしましょう。調査官になめられるだけならまだよいのですが、「何か隠しているのではないか」と疑われても仕方ありません。

　以上が、回答するにあたっての基本姿勢です。次に実際の回答の仕方を、順を追って説明します。調査初日の調査官はまず、世間話から始めるのが一般的です。実は、その時、すでに調査は始まっているのです。その意図は、対応する経理担当者の気持ちをほぐそうというよ

りも、世間話をきっかけに不正申告を見つけ出し、あわよくば「自白」まで誘導しようとしているところにあると見たほうがよいでしょう。したがって、調査に関係なさそうな会話でも聴かれた事だけストレートに答えて、後は適当にあいづちを打っているくらいがちょうどよいでしょう。肝心の経理面での質問への回答でも、相手のペースに乗ってはいけません。調査官は次から次へと質問を浴びせ、自分のペースに巻き込んで「自白」させようと狙っています。ですから、ひとつの質問を受けたときには少し考えてもよいので、調査官の質問の内容を自分の頭の中でよく理解した上で、最少の言葉で回答するようにしましょう。調査には第三者の立ち会いも認められますので、顧問税理士がいるのであれば税理士にも立ち会ってもらい、それが不可能ならば、税務調査に慣れた知人の同席を頼むなどし、自分だけでは回答に詰まってしまったような場合はすぐに指導を受けられるようにしておくのがよいでしょう。本題に入っても世間話と同じような誘導質問があります。慎重に見極めて場合によっては同席の税理士らにアド

■ **調査官の質問に対する受け応え**

ミスを犯していないか？
意図的に申告を少なく見せようとしていないか？
納税者が不正な申告をしていないか？
業界上、よくあるミスが起きていないか？

調査官

納税者

不自然に愛想よくする必要はない
聴かれたことにストレートに答える
最少の言葉で対応する
かばんの開示やコピーの要求については、税理士と打ち合わせた通りの対応をする

バイスを求めてもよいでしょう。

　答える必要のない質問があることも頭に入れておいてください。税金はそもそも国税通則法において「申告納税制度」を大原則と明記しています。納税者が自主的に納めるものであって、国や自治体が徴収するものではないのです。税務調査の仕方も国税庁の税務運営方針において「現況調査は必要最低限度にとどめるように」と念を押しています。したがって、申告の正当性を証明するために必要最低限の資料を用意して閲覧させる必要はありますが、それ以上のことをする必要は全くないのです。

　たとえば、「帳簿類の持ち帰りやコピーを要求する」「会社の金庫を開けさせる」「社員の机やかばんを開けさせる」などの行為は、明らかに違法です。調査官からこれらの要求をされた場合は、はっきりと断ってよいのです。ただ、断ると反対に「何かやましいことを隠しているのではないか」と疑われる恐れもあります。そこで、このような本来は理不尽な要求に対しても、どの程度であれば対応するかを社内であらかじめ決めておくことも必要かもしれません。税理士と十分に相談の上、対応方針を策定しておくことも検討してみてください。

　最後に念のため一言だけ申し添えます。「誠心誠意の対応は不要」と説明しました。確かに不要ですが、だからといってケンカ腰になったり、質問に嫌々答えるような態度をとったりしてはいけません。最少の言葉を堂々とした態度で話すようにしましょう。態度によって調査の内容や結果は変わるわけではありませんが、露骨に敵対的な態度をとれば相手も敵対的な姿勢になり、場合によっては調査が長引いたり、思わぬところで修正申告（89ページ）や追徴課税（96ページ）を迫られたりといった「報復」を受ける恐れもあるからです。

● 帳簿類などのチェックをする

　必要書類のチェックは、リハーサルの際に必ず行うべき重要事項で

す。どんなに一生懸命、決算をまとめても記載漏れなどの不備はなかなかなくなりません。企業は継続してビジネスをしていますが、決算は期末には締めなければならないため、特に期末のお金の動きに不備が起こりやすいものです。したがって、帳簿の記載は請求書・領収書などをよく突き合わせて改めてチェックする必要があります。

　経理部門以外の再チェックも大切です。たとえば、棚卸資産は帳簿上の数字と工場や倉庫にある実際の在庫が一致しなければなりませんが、調べ直すと一致しないケースがあります。工場や倉庫管理の責任者に直接問い合わせて確認しましょう。時間がある場合は、経理担当自らが出向いて調べるのがよいかもしれません。

　再チェックがすんだ帳簿、請求書・領収書といった申告内容の証明に必要な書類、給与台帳などの必要書類は、すべて整頓して机に用意します。また、調査官は工場や倉庫の立入調査をすることが多いので、その際の回答の仕方も各責任者ときっちり打ち合わせをし、聴かれた事だけに答えるように、指示しておきます。場合によっては、リハーサルに参加させるのも一案かもしれません。

　次にリハーサルの途中で実際にミスが見つかった場合はどう対処したらよいのかを説明します。基本は、下手に隠そうとしないことです。明らかなミスだった場合は、本番の調査の際に素直にミスを認め、修正することが必要です。ミスかどうかが不明な場合は、調査の際に調査官に質問します。その際には、自分たちの考え方を堂々と説明するようにします。また、ミスは単に修正して終わりとはしません。ミスが生じた原因を後で徹底的に調べます。そして、見逃した要因も分析し、是正措置をとります。ミスは誰にでも起こることですが、二度と同じミスを起こさないようにすることが何よりも大切なのです。

4 税務調査に真摯に対応してもらえる税理士を選ぼう

納税側の味方に徹する人格者がベスト

● 税理士の役割とは

　税理士法１条は税理士の使命を定めた条項で、「税理士は、税務に関する専門家として、独立した公正な立場において、申告納税制度の理念にそって、納税義務者の信頼にこたえ、租税に関する法令に規定された納税義務の適正な実現を図ることを使命とする」と明記されています。この条文で重要なのは「申告納税制度の理念にそって、納税義務者の信頼にこたえ」の部分です。「国の期待にこたえる」とはどこにも書いてありません。つまり、納税者と徴収する側の国や自治体という対立する立場から物事を見た場合、税理士は明らかに納税者側に立って仕事をしなければならないということになります。「税理士は会社の味方」だという点を決して忘れないでください。

　税理士の具体的な仕事は税理士法２条に明記されています。「税務代理」「税務書類の作成」「納税相談」の３つです。税理士でないものはこの３つを無償であっても行うことができません。税務代理とは申告から税務調査の対応までの一連の納税手続きについて納税者の代理人になる仕事です。

　税務書類の作成は、税務に関するあらゆる書類の作成を請け負う仕事です。税理士法２条には対象となる書類について「税務官公署に対する申告等に係る申告書、申請書、請求書、不服申立書その他租税に関する法令の規定に基づき、作成し、かつ、税務官公署（税務署など）に提出する書類」と書かれています。税務相談は条文を読んだだけではよくわかりませんが、要は、税務全般に関して相談に乗ったり、意見を言う仕事です。税理士法２条の業務は税理士資格を持つ者にし

か認められないのですが、これらの他に税理士がよく請け負う仕事として帳簿の作成や、経営コンサルティングなどがあります。

● 税理士との付き合い方と活用の仕方

　人手が必ずしも多いとはいえない中小企業において、本業とは別に経理用に新たに雇用する経済的余裕が乏しい場合は、必要帳簿を会社に代わって記帳するなど独自に対応しきれない部分を補佐する税理士はある意味、頼もしい存在です。ただ、記帳の自計化（会計事務所に頼まずに納税者自ら複式簿記で記帳すること）は会社発展の基本ですから、良質の会計ソフトが広く知られた昨今では、記帳は他人任せにせず、起業当初から自計化を図るのもよいでしょう。

　自計化している企業であっても税理士に知恵を借りたい事柄は多くあるため、経理を税理士にまかせきりにしないことが大切です。また、経理を税理士にまかせきりにしないことで、税理士に対して「記帳代行という単純作業を請け負うだけで、真の顧客ニーズをつかんだつもりにさせない」という意味合いもあります。

　今はやむを得ない必要があって外部の会計事務所に記帳代行を委託しなければならない事情があった場合にも、先々そのことが自社の自

■ 税理士の主な３つの仕事

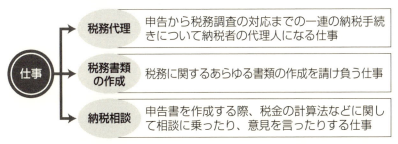

※表中の３つの仕事の他に、税理士がよく請け負う仕事として、帳簿の作成や経営コンサルティングがある

第２章　税務調査前・当日の準備とチェックポイント

計化を阻むことにならないように経営者は気をつける必要があります。

　真に頼もしい税理士とは、長けた税務、経理の専門知識と豊富な経験を背景に、税務、経理の知識や経験が少ない経営者に対して、意思決定の段階から関与（サポート）できる税理士のことではないでしょうか。月次、年次の経理資料も、納税義務を果すために仕方なく作成するのであれば、集計結果が何か月遅れようが平気でしょう。

　しかし、「経営判断に耐え得る資料」を作成することを求めているのであれば、税理士に仕訳を起こすところから代行してもらっていては論外です。むしろ税理士に会社へのアドバイス業務に専念してもらえるような、付加価値の高い経理システムの構築を会社はめざすべきでしょう。中小企業の経営者の中には、粗利のことは気にしても、決算書の最終利益や財務比率の良し悪しには無頓着で、ましてや課税所得の申告内容には、全く興味を示さない人もいます。この点をわかりやすく指導できる税理士が求められるところです。

● 国税OB税理士にも限界がある

　税理士には大別して「国税OBタイプ」と「国家試験クリアタイプ」の2種類あります。これらは税理士資格を取得する過程が違います。前者は国税局や自治体で20年以上の税務経験を積むことによって自動的に税理士資格が与えられます。退官後の第二の人生を支援するとともに退官者の能力を活用するために設けられた制度のようです。

　これに対し、国家試験クリアタイプの税理士は所定の科目について簡単ではない筆記試験を通過していますから、理論については一定のレベルに達している事が保証されているといってよいでしょう。ただし実務については未知数ですから、その力量を図ろうとすれば、これまでの職歴がわかればその判断に資することもできると思いますので、顧問税理士の候補であればプロフィールの提出を求めてみるのもよいでしょう。

なお、このタイプは、さらに税理士試験に合格することで資格が与えられる税理士とそれ以外の国家試験に合格することで資格が与えられる税理士の2通りに分類されます。

　税理士試験以外の国家試験に合格することで自動的に税理士資格が与えられる者には、司法試験の合格者と公認会計士試験の合格者がいます。試験内容は三者とも一部共通する部分がありますが、基本的に全く違う知識が試される試験のため、実務の遂行に際しては、それぞれ得手不得手がありそうです。

　弁護士や公認会計士については、それぞれ本来の専門分野が税理士固有の専門分野をオーバーラップしているわけですから、本来の税理士試験を通過して資格を得た税理士より業務範囲が広いものと予想されます。その反面、広い業務範囲が認められているからといって、その業務範囲をどの程度、無難にこなせるかは人にもよります。法人税や所得税、相続税などの、個人周辺の税務に関わる問題に特化して実務を深く掘り下げているのであれば、税理士試験による合格者が納税者にとって一層良質なサービスを提供できるのかもしれません。結局、税理士業務に限って言えば、その者が合格した国家試験によって優劣は特にありません。

■ 主な税理士のタイプ

国税OBタイプ	20年以上の税務経験を経て税理士資格を取得	・元調査官である強みを生かした交渉力に期待できる ・誰もが国税局へのパイプをもっているわけではなく、交渉力にも限界はある
国家試験クリアタイプ	税理士試験合格による税理士	税務に関わる問題に精通している可能性が高い
	公認会計士資格をもつ者の税理士登録	・会計分野の最上級資格 ・税務に詳しいかどうかを確認する
	弁護士資格をもつ者の税理士登録	・法律分野の最上級資格 ・税務に詳しいかどうかを確認する

第2章　税務調査前・当日の準備とチェックポイント

5 調査官はここをチェックする

調査の連絡の際に相手の手の内を探る

● ごく基本的な対策ができているか確認する

　調査官が何をチェックするかを事前に把握した上で、それらに対する万全の対応策をとっておけば、心強い限りです。ここからは、調査官の調べるポイントとそれらに対応するための事前準備についてできる限り具体的に説明します。

　まず、敵を迎え撃つ上で最初に行う、ごく基本的な対策とその確認についてです。調査に入るという連絡を受けたときから、情報収集の戦いは始まっていると考えてください。もちろん、調査官は具体的に「ここを調べますから」などと事前に教えてはくれません。しかし、それを把握できるチャンスはあります。そのチャンスこそ、調査に入るという連絡を受けたときなのです。会社としては税務当局が押しかけてくるのですから、対応のための準備が必要です。

　また、今まで何度か説明しましたように税務調査はあくまで納税者の協力のもとに初めて成り立つのですから、連絡してきた当局に対し、事前にいろいろと確認するのは当然のことですし、当局も正直に答える義務があります。実際の確認項目は、①調査の種類、②調査官の人数と全員の名前、③日程です。調査官の名前を確認しておくことが大切です。

　名前がわかれば、調査官の経歴もわかります。どのような部署で何年間の経験があるかを調べることによって、調査官ごとの得手不得手がわかり、どのようなことを調べられるのかも見当がつきやすくなります。

　これらの情報はすぐに税理士に連絡します。税理士は自分の経験か

らどのようなチェックを受けるかを推測します。その上で、調査日程から逆算してどのような事前の対策ができるかを確認します。書類は、最低、契約書、稟議書、取締役会の議決書の意思決定３点をセットにしてまとめておきましょう。金庫をはじめ、会社の重要な物品は、すべて整理し、できる限り、人の目に触れるところに置かないようにします。以上のことは、調査の前日になって慌てて行うようなことではありません。対策の基本中の基本ですから、調査の連絡が入った時点ですぐさま対応すべき事項です。

● 現金あわせはしておくこと

　基本中の基本の対策としては、**現金あわせ**をしておくことも挙げられます。調査官は調査の当日、現金の保管状態を調べることがよくあります。したがって、調査の入る前日までに（遅くとも調査が開始される前の始業直後まで）現金の残高と帳簿に違いがないかをチェックしておいてください。特に調査前日は、１円でも違いがないように入念なチェックが必要です。

　万が一、現金の残高と帳簿が合わないような場合には、早急に原因を見つけ、修正しておかなければなりません。過去の資料などを一つ一つ照らし合わせ、抜け落ちている収入や支出がないかどうか、もう一度落ち着いて確認するようにしましょう。

　さらにお金関連で必要なチェックとしては、①小口現金と出納帳との整合性、②銀行預金・借入金・担保の整合性、③請求書・領収書などの整理、手形や小切手の内容の妥当性などがあります。漏れ落ちやミスがないようにします。

　また、これらの項目について説明を求められたときに、適切な証拠をすぐに提出できるよう、関係する資料の保管場所を確認しておくことも大切です。求められた資料をすぐに提示することができれば、普段からしっかりとした処理を行っているというアピールにつながります。

Q 売上はなぜ目をつけられやすいのでしょうか。

利益をごまかすために一番操作しやすいのが売上です。損益計算書を見てみましょう。売上は冒頭に、最後に記載されるのは税引き後の利益です。損益計算では、収益から費用（損失）を差し引く形で利益を求めます。利益を少なく表わそうとすれば、収益を小さくしようとするか、費用（損失）を大きくするしかありません。そして収益の大部分は冒頭の売上高が占めるため、売上を除外することで容易にごまかしがきくのです。

売上の計上で起こりやすい問題は、①計上基準の誤り、②計上漏れ、③計上の繰り延べ、④値引きや返品、割戻、仕掛品、不良品、副産物、作業品目、仕入先からの直送品などの処理の誤りに大別されます。

①〜③は売掛金、負債科目に特に注目してください。売掛金は期末ではキャッシュフローは生じていませんが、税法上は、売上に計上します。つまり、手元のお金の量と税法上の金額が違うのです。キャッシュが入っていないからといって計上を忘れると、調査官から指摘を受けることになります。反対に期末までに予定通りキャッシュが入っても前期に売上に計上されている売掛金は今期の売上から引かなければなりません。また、売掛金が一目でわかる売上帳などで負債項目に記載される預かり金、前受金、仮受金などのうち、一部は売上に計上すべき部分もあります。注意が必要です。

④はうっかりミスが多いケースです。伝票や請求書、領収書などの経理関係の書類と突き合わせをして間違いがないか調べる必要があります。調査官は取引先にまで連絡を取り、本当に取引が行われたのかを確認します。経理関係の書類は自社が不正をしていないかを証明するための重要な証拠となりますので、日頃からしっかりと記入、管理、保管しておくことが必要です。

Q 売上と仕入れの期ずれを指摘されたらどうしたらよいでしょうか。

A 期ずれとは、今期に計上されなければならない売上や原価が翌期に計上されている場合と、翌期に計上されなければならない売上や原価が今期に計上されている場合をいいます。

　会計の大原則は、売上と原価を同じ期に計上するということです。ところが、経費は今期に計上されているのに、売上が翌期に計上されているようなケースがよく見られます。期ずれは、主に仕訳伝票を起こす基準日（締め日）が取引先企業ごとに違うことで起こります。あるべき会計の起点は、原則的には取引先との具体的な取引があった都度、仕訳伝票を起こすことに始まります。しかしそのような作業を行うのは非効率です。そこで、実際は、売上の仕訳伝票（売上伝票）を起こす場合は、取引先への請求書を発行した日とし、仕入の仕訳伝票（仕入伝票）を起こすのは、取引先から請求書が到着した日として、伝票処理をしているのが一般的です。取引先への請求は、取引先の毎月の締め日に合わせるのが一般的です。つまり取引する者の間で差異が生じないよう起票のタイミングを事前に融通し合うのです。

　しかし、取引先によって締め日が違うため、自社の締め日と取引先の締め日とが違う場合、仕入の伝票は起こしても、売上の伝票は起こさないまま期末を過ぎてしまうということが発生するのです。

　税務調査では、このような会計処理が行われていた場合、売上と仕入が対応していないと指摘してきます。検査官は、会社の売上に関する経理処理方法が出荷基準（商品を相手に発送した時に売上計上）か検収基準（受け取った側が商品を検査し、確認した通知を受け取った時に売上計上）かを調べます。一事業年度を通してみて結果的に基準が統一されており、期首と期末の両時点で期ずれの手当が決算整理で別にとられていれば問題になりません。

未払金についてはどんなことがチェックされるのでしょうか。

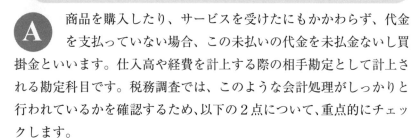 商品を購入したり、サービスを受けたにもかかわらず、代金を支払っていない場合、この未払いの代金を未払金ないし買掛金といいます。仕入高や経費を計上する際の相手勘定として計上される勘定科目です。税務調査では、このような会計処理がしっかりと行われているかを確認するため、以下の2点について、重点的にチェックします。

① 架空の未払金が計上されていないか
② 期末に計上された未払金が適正なものか

　未払金はよく、架空経費の隠れ蓑に使われます。したがって、①のような重点チェックが行われるのです。具体的には、調査官は、未払金と売上が対比しているかなどを中心に調べます。さらに、未払金の残高が過去の期に比べて異常に増えていないかといったことも調べます。増えている場合は、請求書を一枚ごとにチェックして、適正な取引が行われているかを検証します。

　締め日と支払日がその会社ごとに違うことが当然にあります。従って、未払金の計上が漏れてしまうことがあります。このようなミスをなくすためには未払金の場合、請求された時点ではなく、納品された時点で管理をするように心がけることが必要です。

　②のようなチェックが行われるのは、節税のための決算対策をする時期が期末直前であることが多いためです。この場合、商品の場合は、期末までに納品されたか、サービスの場合は、期末までに提供を受けたか、ということが調べられます。ここで注意したいのは、請求書があっても、納品やサービスの提供がまだ行われていなければ、未払金を計上できないということです。未払金は、あくまで納品やサービスの提供が完了していることが計上できる条件なのです。

Q 仕入れについての調査ポイントとはどんなところでしょうか。

A 売上を少なく見せかけて税金逃れをしようとするように会社からの出金を多く見せて利益を圧縮しようという手法も多く見られます。このケースで調査官が目を光らせるものの一つは、「仕入」です。

調査官は、①架空仕入、②在庫の計上漏れ、③仕入の計上基準、④仕入、在庫、売上の関係を調査します。架空仕入は明らかに脱税ですので論外ですが、在庫の計上漏れや仕入の計上基準に違反するミスは起こりがちです。ミスを防ぐには、売上計上のミスを防ぐためのときと同様、経理関係の書類を日頃からきちんとつけ、管理・保管しておくことが不可欠です。特に計上漏れは、期末直前の取引に起こりやすくなります。在庫や売上との整合性などは日頃からチェックが必要ですが、期末前は特に念入りに行いましょう。調査官も期末前の仕入は特に念を入れて調べます。

また、仕入の計上基準については、一度決めた基準が継続して使用されているかどうかという点が、調査の大きなポイントになります。計上基準を年度の途中で変更すると、正確な情報が財務諸表などに反映されないことになります。さらに、計上時期をずらして、仕入金額を操作する、という不正行為に利用される場合もありますから、調査官の調査が徹底される部分だといえます。

売上のときと同様、仕入調査でも調査官は仕入先への直接聞き取りを行います。特に大口の仕入先、仕入先の変更や急な大量仕入など、従来とは違う形で行われた仕入、関連会社間の仕入などへの調査が多いようです。したがって、会社としては買掛金残高と仕入先の残高にきちんとした整合性があるかなどを事前に確認しておきましょう。買掛金残高の確認書を取り寄せるなどの事前対策も必要でしょう。

Q 売掛金についてはどのようなことをチェックされるのでしょうか。

売掛金について税務調査を受ける際に、注意すべき点は2つあります。第1は、売掛金が漏れなく計上されているか、第2は、貸倒引当金や貸倒損失の計上が適正に行われているかということです。税務署は納税額を少なく見せようとする行為を厳重にチェックします。ここで挙げた2つの点は、いずれも売上や課税所得を少なく見せようとする際に手をつけやすい項目です。したがって、重点的に調べられるのです。まず、売掛金が漏れなく計上されているかを調べる際には、特に請求の締め日以降の売上に漏れがないかを確認します。売掛金とは、商品を納入したなど、売上があったにもかかわらず、まだ代金を受け取っていない場合の売上金をいいます。取引先には締め日と支払日があり、これらは取引先によって違うのが普通です。月末締めの翌月末払いといったケースでは、計上に誤りが起こるケースは少ないのですが、「月末締めの翌月10日払い」「15日払い」といったケースですと、支払いから期末までの売掛金の計上が漏れる可能性も高くなってきます。そこで、調査官は、こういった部分を特に念入りにチェックするわけです。次に、貸倒とは、売上計上しているのに、売上金の回収ができない場合を指します。この回収できない売上を貸倒引当金や貸倒損失に計上すれば、損金として扱われ、課税所得もその分、減ります。しかし、税務調査では、少しでも税金を徴収したいわけですから、損金への計上には、厳格に対応します。具体的には、貸倒引当金や貸倒損失を計上する取引先が経営破たんしているなど、所定の要件を満たさなければ、計上を認めないことになっています。

ただ、実務上、貸倒引当金や貸倒損失への計上が認められるかどうかは、取引の内容などによっても違いが出てきます。調査官に指摘されても回答できるようにしっかり、内容を調べて判断するようにしましょう。

6 税務調査の際の受け応えの基本をおさえよう

受入体制について万全の対策を立てておく必要がある

● 当日は落ち着いて対応する

　税務調査の調査官を迎える当日は、まず「落ちついて対応する」ということを心がけましょう。態度が横柄であったり、逆に卑屈なまでに従順な態度、異常に興奮したりして精神的に落ち着いていない態度、質問に対して明確な答えを避け、話をそらそうとする態度などは、調査官に「何か隠そうとしているのではないか」という疑いを持たせることになりますから、厳に慎むべきです。できるだけ税務調査を好意的に受け止める姿勢や、調査に積極的に応じる態度を心がけましょう。

　そのためには、十分な準備を行うことが必要です。税務調査は、基本的には過少申告の発見を目的として行われますから、その点を念頭に置いて、申告に関係する帳簿や資料類などをそろえ、精査しておきましょう。特に見方によってクロともシロとも考えられる事項、つまりグレーゾーンにある事項については調査官から指摘される可能性が高くなりますから、あらかじめ関係者で打ち合わせを行い、事実の確認、説明の仕方、解釈の方法など、あらゆる観点から検討しておきます。

● コミュニケーションをとることは大切

　調査官にも、さまざまなタイプの人がいます。あいさつもそこそこに、いきなり帳簿の検証に入る人もいれば、最初は時候のあいさつや世間話などをしてからおもむろに調査を開始するという人もいます。後者のようなタイプの調査官が来た場合、「よけいな話をしてなれあって大丈夫なのか」「何かを聞き出そうとしているのではないか」などという不安を感じることもあるかもしれません。確かに、調子に

のって話をすると、思わぬところで足をすくわれる可能性もあるので、注意するべきでしょう。

ただ、調査官も企業側があまりに緊張していては調査がやりにくい部分もありますし、企業側としても、ある程度話しやすい雰囲気になっていたほうが、必要な説明や主張をしやすくなります。その点を考えると、調査をスムーズに進めるためにも適度なコミュニケーションはとっておくべきでしょう。

◉ 会話での注意点

調査における会話では、質問事項に対して、的確で最小限の返答を心がけてください。「口は災いのもと」といわれるように、不用意な発言が無用の混乱を招くことが多々あるからです。調査を受ける者には、調査官の質問に答える法律上の義務がありますが、必要以上のことや質問されていない事項についてまで答える必要はありませんので、注意してください。尋ねられたことだけ、答えればよいのです。

◉ メモをとる

調査中はどんな流れで調査が行われたか、提出を求められた資料は何か、どんな質問をされ、どの点で指摘を受けたかなど、調査に関することをできるだけ細かくメモにとっておきましょう。矢継ぎ早に言われたことにただ対応するだけでは、焦りから漏れが出てくることもありますし、不適当な回答をしてしまうこともあります。メモをとることで冷静さを取り戻すこともできますし、後で改めて回答すべきかどうかを検討することもできるのです。

また、次回の調査までに改善すべき点を検討する際の資料にもなりますので、ぜひメモをとるようにしてください。

ただし、録音や録画は絶対にしてはいけません。調査妨害と認定され、心証は極めて悪くなります。

● 答えにくいことへの対応

　税務調査の実施過程では、質問されたり、帳簿の提出が求められたり、請求書や領収書との確認を行うなど、多くの対応が発生します。そのため、責任者の指揮に従い、責任者の下で統一的な対応をとることが必要です。責任者の判断が必要なのに現場担当者しかいないという場合には、即答を避け、後日書面で回答するなどの対応をするとよいでしょう。

　なお、回答の期限を定められた場合には、期限を守ることはもちろんですが、途中経過の報告をするなどの気配りが大切です。調査官も人間ですから、誠意をもって対応すれば応えてくれるはずです。

● 調査官の態度があまりにも悪い場合

　ほとんどの調査官は丁寧に対応してくれるはずですが、中には横柄な態度で突然声を荒げたり、先入観や疑いを持ったままいくら説明しても聞いてくれないといった調査官もいるかもしれません。残念ながらこのような調査官にあたった場合には、直接本人に抗議することはもちろん、必要に応じて税務署の統括官や税務署長に向けて抗議をすることも検討する必要があります。

■ 受け応えの際の注意点

よくない対応
- 横柄な態度で接する
- 不自然に従順な態度をとる
- 不用意にしゃべり過ぎる
- 質問に対するメモを全くとらない
- よくわからないのにその場しのぎで即答してしまう

7 調査当日の心構えについて知っておこう

冷静に対応する。確認すべきことを忘れないように

● 応対の際のマナー

　税務調査の当日に直接調査官と対面する経営者や担当者は、服装や身なりに気を使い、華美にならず清潔感を感じさせるような服装を心がけましょう。高級ブランドの腕時計やスーツを身につけることは避けて、眼鏡などの小物から靴や香水に到るまで、高価で派手に感じられるような要素はないか、よく確認しておきましょう。

　逆に身だしなみに気を使わないのも問題です。経営者が汚れたシャツを着ていたり、髪さえ整えずに見苦しい印象を与えたら、会社の経理にも、きちんとしていない印象を与えてしまいます。

　調査官に直接対面しない社員の服装や対応にも気を使う必要があります。調査官は全体を見て品定めするものと思い準備してください。まずは、調査官の判断に悪い影響を与えないようによい印象を与えたいものです。

　調査官が会社に訪れたら丁寧な言葉と落ち着いた態度で応対します。

　経営者の中には法的に強制力のある国税局の査察調査をイメージする人もいますが、税務調査はそれとは全く違うものです。

　調査官の身分証明書を確認したら面談のための部屋に通しますが、その際もなるべく和やかな雰囲気になるように努めましょう。そのためには緊張し過ぎないことです。徐々に緊張を解して普段の落ち着きを取り戻してください。過度に緊張して不審に思われないようにしましょう。

　また、調査には協力的な態度で臨みましょう。調査官は税法に基づいて調査をしているのであって、税金を奪いに来ているわけではあり

ません。仮に税務調査自体を不満に思っていたとしても、この場でその気持ちを伝えてしまうことは、何らプラスにはなりません。

　逆に媚を売るような態度も好ましくありません。確かに税務調査での指摘事項など、調査官の判断しだいで結果に違いが出ることはあります。事業者側の意見をどのような根拠で承認または否認するのかも納税者の立場からはわかりません。

　しかし、期限内に正しく申告をしているのであれば、気後れする必要はありません。誠実な態度で税務調査を受け入れていれば、判断が分かれるような場面でも事業者の考えも一通りは聞いてもらえるものです。

　調査に入れば、帳簿を中心に調べる事になります。過去の取引やお金の流れを調べているわけですから、今から慌てることは何もありません。調査官の質問に的確に答えられるよう落ち着いてください。

　気をつけてほしいのは、「ウソをついてはいけない」と言うことです。不適切と知っている処理をウソによって隠せば、脱税として刑事罰も考えられます。また、調査官の質問に対して記憶が明確でない場合は、後で矛盾が起きないように正確に調べてから答えましょう。

　主張が受け入れられないと感じた場合も、不必要な口論は避けたほうが得策です。主張が受け入れられないばかりか、調査官の心証を悪くしてしまうと、今後の調査にも影響がないとはいえません。

　経営者が特に気をつける点は、調査官の話にうまく乗せられてよけいな話をしないようにすることです。特に和やかなタイプの調査官の中には話術に長け、情報を聞き出すことがうまい人がいるので注意する必要があります。

　社長に対する面談では、自身の経歴や会社の設立に関する話や取引に関してのことや最近の業績についてなど、直接経理や税金とは関係のないことを中心に聞かれます。

　ここでほっとしてしまい、話に目を光らせている調査官に対して、

新たな調査のきっかけを与えないよう注意してください。

また、税理士が税務調査に立ち会うことは許されていますので、調査官にあれこれと追及されて困ったときには、助け舟を出してもらえるよう打ち合わせをしておくとよいでしょう。

税務調査の日程が延びてしまい、仕事に支障が出る場合には、調査を別の日にしてもらえるよう交渉してください。どうしても都合が悪い理由が企業にとって相当と判断されるものであれば、調整にはある程度応じてもらえるでしょう。ただし調査そのものを拒否できるものではありません。

● 調査にはどのくらいの人数でくるのか

事業者の規模によっては国税局が税務署に代わって調査を担当します。国税局の調査の範囲は各国税局により異なり、「この規模なら国税局が担当する」と言った明確な線引きなどはありません。

税務調査の対象が資本金1億円以上で従業員が100名を超える規模の企業の場合は国税局が調査官4～5名で調査を担当します。それより大きな企業の場合も同様に国税局が担当し、10数名で調査をすることもあります。

従業員が数名程度の事業者の場合には、税務署の調査官が一人、もしくは経験の浅い調査官が研修のために同行することがあります。それより大きい従業員が10名を超える事業者の場合は、税務署の特別調査官の役職に就く署員が1～2名の部下とともに調査を担当します。

● 何の調査なのかを確認する

税務調査が行われることになった場合には、調査が合理的な必要性のもとに行われるものなのかを確認します。調査が始まる前には、この調査が何のためのものなのかを確認するようにしましょう。しかし今では、事前連絡で調査官から説明がなされることが一般的です。

税務調査の理由を挙げると以下のように目的別に分けられます。
・申告された所得額や税額を修正したり、申告がない場合の課税処分を行うための調査
・滞納している税金を徴収するための調査
・国税犯則取締法による犯則事件の調査準備

税務調査は大きく分類すると上記のいずれかに該当します。

調査前に税務調査の目的と必要性、また調査の対象となる範囲について実際に調査官から説明をしてもらいましょう。

◉ 身分証を見せてもらう

税務調査が抜き打ちで行われる場合は、事前の予告も日程の調整もありません。その場合、訪れた調査官が間違いなく税務署員であるということを確認するためには、身分証明書の提示を求める必要があります。

■ 税務調査の応対者の服装・マナー

第2章 税務調査前・当日の準備とチェックポイント

税務調査官は身分証明書を携帯し、調査のために訪れた事業所などで、請求があったときには、提示するよう国税通則法で義務付けられています。万が一提示がない場合には、それを理由に調査を断ることができます。調査官からの身分証明書の提示がない場合には、遠慮なく請求し、身分証明書の官職名と氏名を控えておきましょう。

　また、税務調査官が身分証明書として提示する国税質問検査章には何税に関するものなのかの記載がありますので、これを確認することにより調査の目的がある程度わかります。

　なお、国税質問検査章には調査官の顔写真がありませんので、確認したい場合は国家公務員の身分証明書を見せてもらう必要があります。

● ずっと調査につき合わないといけないのか

　税務調査は経理担当責任者だけにまかせておくことはできません。

　税務調査では経理に関することだけでなく、取引や経営に関することにまで調査官の質問が及ぶこともあります。経理に関することは経理担当責任者が把握しているにしても、こと経営については経営者でなければわからないことがあるからです。

　調査官が質問したいことがあっても経営者が一日中不在とあっては、調査を円滑に進めることができません。

　そのため、経営者も一日に数回は調査官が質問できるような時間を用意しておく必要があります。

　しかし、終日調査に立ち会う必要もありません。調査は業務を妨げないのが建前ですので、自分の仕事のために席を外しても問題はありません。

　ただし、調査初日の午前中と最終日の夕方は調査官との面談を予測して時間を空けておきましょう。

8 調査方法について知っておこう

あくまで任意の調査だが金融機関や取引先に及ぶこともある

● どんな調査方法があるのか

　税務申告までの流れを大雑把に説明すると、たとえば法人税であれば、当期利益から、税法が定める一定の制限等（たとえば貸倒引当金繰入額の税法限度超過額や固定資産の減価償却費の法定限度超過額など）を調整して、求めた所得金額を課税標準として、これに所定の税率を乗じて一事業年度当たりの税額を算定し、これを納付します。

　消費税も、法人税課税のベースとなる当期利益を求める中で、法人税に先立ち、法人税とは別の計算過程を経て、納めるべき税額を算定し、納付します。

　この時、法人税も消費税も会社で継続記帳される会計帳簿が大元の算定資料ですから、正しい税務申告を担保するために行われる税務調査も会計帳簿の正しさ（会計用語では、しばしば適正性といいます）の検討が企業の税務調査の中心になります。主な検討手続には、突合、実査、立会（たな卸し立会）、分析（勘定分析）、質問そして反面調査があります。これらの手続きは、決算書の主な勘定科目について適用実施されます。

① 突合

　突合とは、「付き合わせること」をいいます。照合といっても同じ事です。記録と記録の突合（照合）と言えば、以下のものをあげることができます。

・**会社自身が作成した内部資料間の突合**
　例：得意先（売掛金）元帳の記録と同記録の元となった出荷指示書や請求書控との突合

・内部資料と会社外部の取引相手が作成した外部資料との突合
　例：経費元帳や買掛金元帳と納品書や請求書との突合
・会社内部資料と調査官自身が作成した調書との突合
　例：減価償却費のあるべき金額を税務当局が試算した計算の結果、
　　　計上スケジュールと実際に計上された減価償却費との突合

② 実査

実査とは、調査官自身が資産の一定時点の実在数を数え、これを会社作成の在庫明細などと照合することです。突合の動作も含まれますが、調査官自身が事実を確認の上、記録をとって決算結果と改めて照合する点、事実と記録を照合するという点が特徴です。現金実査、有価証券実査などが、その具体例です。

③ 立会

立会とは、会社が行う資産の一定時点の実在数を把握する作業の信頼度を評価するため、会社自らが行う検数、検量作業を、調査官がその場に赴いて監視することです。実査のように調査官自らは検量作業の主体ではありませんが、試験的に検討対象の一部を抜き取り、自らも検数、検量して調査官が検数作業の精度や対象物の保管状態の良し悪しの判断材料とすることもあります。商品や原材料などの在庫のたな卸し立会などがあります。

④ 分析

分析とは、得られる財務数値を駆使して会社の財政状態、経営成績を把握することです。売上高や仕入高、経費、売掛債権、買掛債務等主な勘定科目の月次年次残高推移分析や回転期間分析、キャッシュフロー分析などがあります。

⑤ 質問

質問とは、調査対象の企業の全社員に対して個別に疑問点、不明点を問い、事実を確認をすることです。調査上の証拠とするため、質問に答える形で文書に署名を求められる事があります。

⑥ 反面調査

　反面調査とは、調査対象の企業と取引先に実地調査をかけるなり、問い合わせをして取引事実の詳細を確認、把握することです。銀行などの金融機関における預金や借入金、得意先や仕入先に対する貸借関係、これらとの取引関係の実態を前もって調べ上げておいて、調査対象側との違いを探し出す手続きです。

　上記のうち突合と質問は調査のあらゆる場面で行われる一番基本的な調査手続きです。
　実査と立会は、ある特定の資産（現金や有価証券、商品や原材料などの在庫）の残高に関し、その実在性を計るために実施される調査手続です。分析は月次や年次で把握できる集計結果を時系列に並べて調査要点にアタリをつける手続きです。
　そして反面調査では、債権債務や売上高や仕入高といった重要科目に関して威力を発揮する手続きです。反面調査では、ほとんどの取引

■ 税務調査の調査方法の種類

突合	内部資料と調査官自身が作成した調書を照合すること
実査	資産の一定時点の実在数と会社作成の在庫明細などを照合すること
立会	調査官が、会社自らが行う検数、検量作業をその場に赴いて監視すること
分析	得られる財務数値を基に会社の財政状態、経営成績を把握すること
質問	調査対象の企業の社員に対して個別に疑問点・不明点を問い、事実を確認すること
反面調査	調査対象の企業と取引先に実地調査や問い合わせを行い、取引事実の詳細を確認、把握すること

は常に相手あってのものですから、相手の処理が調査対象企業の処理と整合しない場合、どちらかがウソである可能性が高くなります。とりわけ預金や借入金などの銀行勘定は、ごまかしようがありません。

● 調査はあくまで任意

　税務調査は、国税局の強制調査である査察とは違い、事業者の了承なく勝手に調査を始めるようなことはありません。

　また事務所内をくまなく、まるで「ガサ入れ」のように調査されることも抜き打ち調査の場合の現況調査以外ではあまりありません。

　税務調査は任意の調査ですから、調査される事業者の同意がなければ無断で机の中を調べたり、事務所内で資料を探したりできません。

　調査官が当然の権利のように机の引き出しや金庫の中を調べようとするなら拒否することも可能です。ただし、何かを隠していると疑われないようにするために、調査には協力する姿勢であること、しかしその場所には調査に必要な書類や資料がないこと、私物が入っていることなどをはっきり告げるようにしましょう。強制捜査であれば捜索や押収もできますが、そのためには令状が必要になり、「捜索」する場所や「押収」するものが明示されていなければなりません。

● 金融機関や取引先に調査が及ぶこともある

　税務調査の際に、調査されている事業者の帳簿や資料がそろっておらず十分な調査ができない場合や、明らかに不審な点がある場合には、取引先や金融機関などで取引の実態などを調査する反面調査が行われます。反面調査は取引先において詳しい調査をするために、相手に対する信用を失ったり迷惑をかけることによって取引に悪影響を及ぼすこともあります。

　そのため、通常の調査ではどうしても確認ができないなどの合理的な理由がある場合を除いては、反面調査は行われないものとされてい

ます。金融機関においての反面調査では入金と出金を完全に把握することができる上に役員の個人口座まで調査することが可能なので、帳簿との整合性におかしな点があれば、すぐに明らかになってしまいます。

調査官は「金融機関の預貯金等の調査証」を提示することによって金融機関での調査を行いますが、その場合も必要性が明確でなければ調査はできません。

しかし、税務調査の前に反面調査を行ったり、調査対象の事業者を十分調査する前に得意先を調べるケースも少なからずあります。

● 事務所内はいろいろチェックされる

税務調査で調査されることがわかっている帳簿や資料は必要なときにはすぐに提示できるよう、調査をする場所に用意しておきましょう。

最低でも3期分の帳簿や証憑書類はそろえておいてください。

提示を求められてから別の部屋に資料を取りに行くようなことがないようにします。調査官について来られたら見せる必要のないところまで見られてしまうことになるからです。調査官はさまざまな場所に目を光らせていますので注意が必要です。

税務調査は任意調査ですので、調査官が勝手に机の引き出しやロッカーを開けて調べるようなことはありませんが、事務所内では何を見られてもいいように事前に整理をしておきましょう。「ここを見せてもらえますか」「ここには何が入っていますか」と質問する調査官を断ることは実際には大変難しいことです。また、あまりに頑なに拒否すれば何かを隠しているものと思われて怪しまれてしまいます。

個人的なお金の扱いにも注意しましょう。金庫の中に個人のお金を保管していれば、そのお金は帳簿にないお金として脱税の証拠と捉えられかねません。金庫の中は必ず確認されるポイントなので整理しておくことです。

9 調査が何日にも及ぶこともある

3日程度はかかる可能性がある

◉ 初日の予定メニュー

　税務調査が中小企業で行われる場合だと、通常調査は、調査官1人、ないし2人で行われます。たいてい2日から3日を調査に使います。

　調査官が会社に到着するのは午前10時頃で、あいさつをすませて世間話から会社に概要についての聞き取りが行われます。金庫などを確認する場合はこの時に行われることが多いようです。ここまでで午前中の予定はほぼ終了します。

　調査官はお昼を外食ですませることになりますが、近くに食事ができるような場所がない場合は、出前を依頼されることもあります。その場合も代金を置いて行くことになっています。

　午後1時になれば調査が始まりますが、調査官は午前中の聞き取り調査ですでに調査のポイントを絞っていると考えたほうがよいでしょう。

　調査官はその点を考慮しながら帳簿類の調査を開始します。

　この時間になれば経営者は仕事のために外出しても問題ありません。一日中調査官の相手をする必要はないのですが、初日の午前中だけは必ず調査官にあいさつをして聞き取り調査に応じ、協力的な姿勢を見せてください。調査の早期終了を望むのであれば調査官への心象をよくしておいて損はありません。

　午後3時にはお茶やコーヒー程度は出したいものです。お茶やコーヒーは常識の範囲内ですので調査官も断りません。

　この時間に世間話などして人間関係を構築することに努力してください。もちろん調子にのってよけいな話はしてはいけませんが、他愛のない話で場の空気を和やかにしたいものです。

休憩が終われば午後4時30分頃まで調査を続けてこの日の調査は終了します。その日調べた事柄について疑問に思ったことなどを質問されるかもしれませんし、明日までに必要な別の資料を用意するよう指示があるかもしれません。経営者は経理担当責任者と相談して万全の準備をしておいてください。

　その後調査官は税務署に戻り上司に調査の内容を報告します。ここで上司である統括官に明日の調査に対する指示を受けて今日の情報を整理します。

● 2日目の予定メニュー

　調査の2日目には前日の調査で疑問に思ったことなどを質問される事になります。前日質問された事などについても会社側が回答することになります。税理士が会社に代わって回答することもあります。

　調査官のスケジュールは厳しく、調査前の準備や調査後の報告まで

■ 税務調査のスケジュールの一例

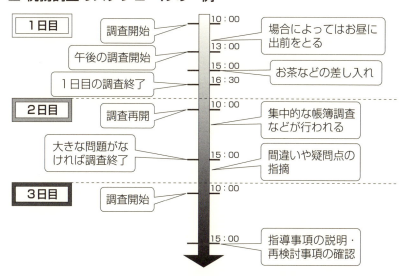

第2章　税務調査前・当日の準備とチェックポイント

含めて1件を1週間で終わらせなければなりません。そのため調査を2日で終わらせようと予定を立てます。

　限られた時間では調査対象のすべてを入念に調べることができないために、2日目には調査する範囲をずっと狭め、その範囲についての帳簿調査で午前中が終わります。

　昼食が終われば調査が再開されますが、この時間帯は調査官にとっては大詰めの時間帯です。

　特に指摘事項が見つからない時には、交際費などから申告漏れを見つけようとします。

　午後3時には調査はほとんど終了します。

　間違いや疑問点があればこの時に指摘されることになります。

　修正申告の話になっても納得がいかないまま、簡単に認めてしまわないように十分検討してください。

● 最終日の予定メニュー

　調査最終日の午前中は他の調査日と代わりがありませんが、午後3時からは調査全体からの疑問点や問題について指摘されることがあります。調査官が最終日までに、ある程度指摘事項を用意できている場合は、経営者は経理担当責任者とともに指導事項の内容について説明を受けます。

　最終日に指摘された内容に対して、その場で反論したり結論を出す必要はありません。指摘された内容について反論がある場合は資料などを万全にして後日説明することもできます。

　逆に、指摘事項がまだ詰められていない場合は、調査を通しての意見を述べることもありますが、実際に指摘事項についての話はありません。その場合は、後日調査内容を整理して検討事項を伝えられることになります。

10 調査終了ですべてが終わるわけではない

全く間違いを指摘されないことはほとんどない

● 問題点が指摘された場合の対処法

　調査される事業者側からすれば、調査が早期に終了し、追加で課税される税金が少額ですめば一安心です。

　ただ、もし、問題点を指摘された場合には何でも受け入れるようなことはしないほうがよいでしょう。当然、解決をめざして努力する必要はありますが、税務署と納税者の間に見解に相違があるのなら、まずは交渉して互いに歩み寄ることをめざしましょう。

　税務調査の途中でも問題がありそうな事柄については調査中に口頭で調査官に指摘されます。指摘があった事柄については、まずその指摘を受け入れるのか、反論するのか対応を決め、税務署による更正や決定の前に解決しましょう。その時、どのように対応すれば会社にとって利益があるのかを検討し、対応するようにします。

　たとえば留保項目である、売上や在庫の計上漏れや改修工事費など、今期に計上されるものがずれて来季に計上される項目については仕方ないので認める事になるでしょう。特に後々、損金となるものは、課税所得が減少すればいずれ税金を取り戻すことができます。

　単年度会計の交際費や役員報酬、賞与などの流出項目は次期には影響のないものですが極力除外できるよう折衝します。

　配偶者や家族に対する報酬については、一度指摘を認めてしまえば次年度以降、ずっと続いてしまうものです。毎年それなりの増税になることも考えられますので粘り強く除外を主張することが必要です。

● どんなことを理由にされるのか

　税務調査では調査官と調査される事業者の間で見解が異なることは珍しくありません。そのような場合、納税者は調査官の根拠を理解してお互いの歩み寄りをめざすことが望ましい姿です。

　しかし、調査官は過去の判例を理由に納税者の言い分を聞き入れない場合があります。

　判例とは裁判での判決が先例として他の要件に適用されてはじめて判例となります。簡単にいえば、判決が出たからといってもそれは単にその事例での裁判官の判断にすぎないということです。

　調査官が判例を持ち出す場合、その多くは判決であることが多く、自分の判断の正当性を主張するためのものであると考えられます。

　ただし、仮にそれが判例であっても直ちに拘束されるものでもありません。納税者も調査官に歩み寄る姿勢を見せながら、十分に話し合うことが重要です。また、国税庁や国税局の通達によって以前と解釈が変わっていることもあります。行政庁が所属機関に対し指示事項を伝える文書を通達といい、内部文書ではありますが、税務署がその指示に従う以上、実際には納税者もその影響を受けるものです。

　通達によっては節税対策にも影響を与えることもあるので確認しておく必要があります。

● 前回調査で指摘されなかったことはどうなる

　以前の調査では指摘されなかったことでも、その後の調査では事業者の主張が認められず指摘されることがあります。

　「前回の調査で指摘されなかった」「主張が認められた」というのは、その時の調査に限って認められた、ということになるためです。

　なぜそのようなことが起こるのかというと、その状況によって税法の解釈は多様であり、その時の前提になった条件によっても解釈が大きく変わることがあるからです。それはグレーゾーンと言われるような

税法の解釈の仕方によってはどちらともとれるような場合も同様です。

　しかし、実際の話し合いの場では、以前の税務調査での調査官の対応を前例として説明することは可能です。以前に税務調査を受けたことがあるのであれば、年月の他に調査官の名前やその時の指導事項とその後の対応など詳しい記録を残しておくことです。

　ただし、税務上問題がないことがはっきりしている事柄については、何度税務調査を受けても、当然指摘されることはありません。

● 調査結果

　以前の税務調査で是認通知（調査結果のお知らせ）を書面で出すのは、その申告に全く誤りがなく、指導事項もない場合に限られ、それ以外は調査官からの電話連絡で更正等がないという結果を知らされるに留まっていました。現在は国税通則法改正により、平成25年1月以降に開始されている税務調査から、調査を行った結果更正等がない場合には一律に税務署より「更正決定等をすべきと認められない旨の通知書」という書面が出されるようになりました。

　ただ、更正と修正申告について、税務署側の最終決定が遅れる場合もあります。更正とは税務署主導で申告などを修正する処分であるの

■ 改善の指摘と次回の税務調査への備え

第2章　税務調査前・当日の準備とチェックポイント　85

に対し、修正申告は税務署側の指導を受けて納税者が自ら行う手続きです（88ページ）。調査官は、納税者自ら修正申告する形を望んでいるのですが、調査官の指導事項に対して事業者が何らかの反論を行った場合には、平行線となり、更正等がないと言えるかどうか、手続きが進まなくなる原因となっているわけです。このような場合、税務署側は、更正という手段があることを前提に事業者に対して修正申告することを勧めることになります。

● 調査後に受けた指摘を見直し、今後に活かすには

調査官から質問を受けた箇所については、調査官が何らかの問題があると感じた箇所だということを理解しておくとよいでしょう。その箇所を改善することによって、業務上の問題の改善や、ムダな経費をカットできる可能性もあります。この他、「税法などの内容をより詳しく知ることができる」「より適正な経理処理ができるようになる」「経理担当者が独断でやっていた誤りに気づくことができる」といったメリットが考えられます。これらのことを、経営基盤を盤石のものにしていくために役立ててください。

税務調査は一度入れば終わりというわけではありません。調査によって問題ありと判断されれば、頻繁に調査が入ることになりますし、そうでなくても数年に一度のペースで定期的に調査が入ることもあります。調査の結果は税歴表などに記録されますので、指摘箇所が改善されていないといったことはすぐにわかってしまいます。

また、担当調査官が変わると、調査の視点も変わりますから、前回の調査では何の指摘も受けなかったのに、今回の調査ではたくさんの指摘箇所があったということも起こります。その意味でも、税務調査の機会に指摘箇所はもちろん、経理事務全体の見直しをするよう心がけるべきでしょう。

第3章

税務調査後の対応

1 修正申告と更正処分について知っておこう

調査結果の対応方法には修正申告と更正処分がある

● 調査官は少しでも税金を多くとるためにやってくる

　税務調査の表向きの目的は、申告内容が正しいかどうかを確認することであり、追徴課税をとるためではありません。

　ただ、調査官も時間と労力を使ってわざわざ出向く以上、何らかの成果がほしいというのが本音です。申告の不備を指摘して、より多くの税金を集めてきた調査官が部署内での評価を高め、出世しているのも事実です。このような点を考えると、調査官が「少しでも多くの税金を集めたい」という気持ちを持つのは当然のことだといえるでしょう。もちろん、申告内容に問題がなければ申告是認という判断を受けることができます。しかし、税務署側は調査を行う前に、ある程度申告に問題がありそうな企業を選定した上で出向いてきています。つまり、最初から疑いの目を持って調査するわけですから、調査官が会社側の主張や事情をくんで不備を見逃してくれるようなことはまずないと思っておいたほうがよいでしょう。むしろ重箱のすみをつつくような厳しい追及になる、ということを覚悟して迎えるほうが無難です。

● 指摘事項を認めるか

　このような姿勢で行われる税務調査ですから、さまざまな点について指摘を受けるのは仕方がないかもしれません。

　しかし、調査官から指摘された事項について、税務のプロである調査官が指摘するのだから、すべて言う通りに認めなければならない、と思う必要もありません。指摘された事項の中には、単純に判断することができない、いわゆるグレーゾーンといわれる事項もたくさんあ

るからです。たとえば交際費や福利厚生費、役員賞与などの科目については、何のために支出したのか、どういう形で支出されたのか、といった点で判断が分かれることが多く、問題ありと指摘されることが多いようです。

　しかし、調査官が問題ありとして指摘したとしても、見方によっては問題なしとなる可能性があるわけですから、納得がいかないときにはきちんと説明を受けるようにしましょう。特に企業側が、「これが正しい解釈だ」と判断して申告した場合や、そのような申告をしたことについて、証明書類などを提示してきちんと説明ができるといった場合には、調査官にその旨を伝えるべきです。調査官がその説明に納得できれば、その場で指摘を引っ込めることもあるのです。

　ただ、だからといってどの指摘もすべて拒否するというわけにはいきません。記載ミスや解釈の誤りなど、明らかに企業側が間違っているとわかる事項を指摘された場合は、むしろ速やかに認めたほうがよいでしょう。

● 修正申告とは

　税務調査の結果、税法に違反していたとなれば追徴税を支払うことになりますが、その際でも修正申告を行う場合と更正処分を受ける場合があります。

■ 調査結果の対応方法

修正申告 →	税務当局の言い分に納得がいく場合、調査結果を受け入れて修正申告書を提出
更正 →	税務当局の言い分に納得がいかない場合、自ら調査結果を受け入れることなく税務当局の行う処分である更正を受ける

> 修正申告書を提出した場合、その後再調査の請求や審査請求をすることができなくなる

修正申告とは、すでに行った申告について、税額が少なかった場合などに行うもので、納税者が自ら手続きを行います。税務調査によって誤りを指摘されて提出する他、自分で誤りを見つけて提出することもあります。修正申告は税務署等から更正処分を受けるまではいつでも行うことができますが、国税庁などでは誤りに気づいた時点でできるだけ早く手続きをするように求めています。

なお、税務調査によって修正申告する場合、過少申告加算税という付帯税が課せられる可能性がありますが、自ら修正申告した場合はこれが免除されることになっています。

● 修正申告はどのようにするのか

修正申告は、管轄の税務署に修正申告書を提出することによって行います。申告に必要な書類は、税務署の窓口で受け取るか、国税庁のホームページからダウンロードすれば入手できます。

修正申告書には、申告誤りのあった箇所についてのみ記載すればよいのですが、年度をさかのぼって修正する場合、所得額や税額に変更が生じますので、各年度ごとに書類を作成することになります。

なお、修正申告をした場合、申告書を提出した日が納期限となります。未納税額に対しては、その日までの延滞税が発生することになりますので、修正申告すると決めた場合には、できるだけ早く申告書を提出し、納税するのがよいでしょう。

● 修正申告を拒否するとどうなる

税務調査の結果、誤りがあった場合、調査官から修正申告をするよう指示されます。企業側としては、その指示に沿って修正申告書を作成し、提出することになるわけですが、調査官の言い分に納得がいかない部分があるという場合、修正申告を拒否することもできます。また、「Aの指摘部分は修正申告するが、Bの指摘部分については納得

がいかないのでしない」と一部だけを拒否することも可能です。

ただ、修正申告を拒否したからといって、追徴課税から免れられるわけではありません。この場合、税務署から更正処分を受ける可能性があります。

● 修正と更正はどう違う

更正とは、提出された納税申告書に記載された課税標準または税額等の計算が税法の規定に従っていなかったときや、調査したものと異なるときに、税務署長がその調査に基づき、申告書に関わる課税標準または税額等を修正することをいいます。つまり、税務当局側が行う処分です。

税額等を修正するという点では修正申告と同じですが、後で修正内容や税額について不満が生じたときに、修正申告は不服を申し立てることができませんが、更正処分は不服申立てができるという違いがあります。これは、修正申告が納税者自ら行う手続きであるのに対し、更正処分は税務署が強制的に行う処分だからです。

■ 税務調査の実施と申告是認・修正申告・更正

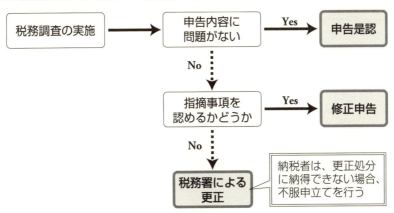

ここで問題になるのが、税務調査によって指摘事項が示されたときに、修正申告をするべきか、拒否して更正処分を受けるべきかということです。どちらを選ぶかは納税者が決めることができるわけですが、調査官の多くは修正申告をするよう強く勧めます。修正申告を拒否すると、いろいろと譲歩して、納税額を減らしてでも修正申告させようとするほどです。このように、税務当局が修正申告にこだわる理由としては、次のようなことが挙げられます。

① 修正申告を提出させてしまえば、その後は税務当局に「再調査の請求」や国税不服審判所に「審査請求」をすることができなくなる
② 修正申告ではなく更正とすると、青色申告者の場合には、更正した理由を附記して納税者に通知しなければならないなど手間がかかる
③ 更正処分後、不服申立てをされると、担当調査官の説明不足などが指摘され、担当官の評価に関わる

　このような事情から、税務当局が更正処分をする年間件数は修正申告に比べてあまり多くありません。

　なお、修正申告を拒否して更正処分を受け、さらに不服申立てをする場合、訴訟に発展することもあり得ます。時間も経費もかかりますが、どうしても指摘事項等に納得がいかない場合はとことん争うのも一つの手段でしょう。

2 税金を納めすぎたときの更正手続きについて知っておこう

更正の請求の手続きにより税金の還付を受ける

● 更正の請求とは税金の減額請求である

　更正の請求とは、法人が申告書に記載した課税標準等または税額等の計算が、ⓐ国税に関する法律の規定に従っていなかったこと、ⓑその計算に誤りがあったことにより納付すべき税額等が過大であるなどの場合に、法定申告期限から5年以内に限り、税務署長に対して税金を減額するように請求することをいいます。

　更正の請求は、原則として法定申告期限から5年以内に限られており、期限を経過した場合には、救済措置はないことに注意してください。

　更正の請求ができるのは、上記ⓐまたはⓑの理由に基づく場合に限られます。たとえば、事実に反する経理や計算の誤りがこれにあたります。一般的に更正の請求の対象となる事項および対象とならない事項は次の通りです。

① 更正の対象となる事項
　ⓐ 確定したはずの前期の決算内容に売上の過大計上があった場合
　ⓑ 確定したはずの前期の決算内容に費用の計上不足があった場合
　ⓒ 税額の計算を誤ったことなど

② 更正の請求の対象とならない事項
　ⓐ 減価償却資産の償却を償却限度額まで行わなかったことなど
　ⓑ 損金算入の経理処理をすることを要件として損金算入が認められる事項について、損金算入の処理を行わなかったこと（例：貸倒引当金繰入額、有価証券評価損）

　たとえば、売上の二重計上により前期の売上が過大となっていた場合には、存在しない売上を計上したのですから（①ⓐに該当）、更正

の請求の対象になりますが、季節商品の売れ残り品について評価損を計上しなかった場合は、評価損の計上は損金経理（確定した決算にいて費用または損失として経理すること）が要件とされています（②ⓑに該当）ので、更正の請求の対象とはなりません。

● 更正の請求はどのような手続きなのか

　更正の請求をする場合には、税務署にある更正の請求書にその更正に係る更正前・更正後の課税標準等および税額等、その更正の請求をする理由などを記載して、税務署長に提出します。

　更正の請求があった場合、税務署長は、その請求に係る課税標準等および税額等について調査をして、更正または更正をすべき理由がない旨をその請求者に通知します。

■ 修正申告と更正の請求

修正申告 → すでに行った申告について、税額が少なかった場合等

更正の請求 → 申告書に記載した課税標準等または税額等の計算が法律の規定に従っていなかったこと、またはその計算に誤りがあったことにより税額が過大となった場合等

Q 損金経理とはどのようなことなのでしょうか。

A 法人税の所得は、益金から損金を引いて計算します。益金が会計の収益、損金が会計の費用のようなものです。しかし、益金は収益そのものではありませんし、損金は費用とは異なります。

　会社は、外部のいろいろなところと取引をします。たとえば売上や仕入です。これらの外部取引は、相手のある話ですので、収益であっても費用であっても金額ははっきりしています。

　会社が決算上の利益の計算をするときには、このような外部取引の金額の他に、減価償却費や引当金などの外部との取引に基づくものではない費用を内部計算することが必要になります。税法は、この費用を損金とみなす際に、一定の制限として機能し、内部計算については、計算方法などを細かく定めて損金にできる限度額を設定しています。そして会社が費用として決算書に計上した金額のうち、この限度額内の金額は損金として認めるというしくみにしているわけです。したがって、会社が限度額を超えて費用を計上しても、超過額は当然損金としては認められません。

　また、会社が限度額よりも少なく費用を計上した場合はそこまでの金額が損金ということになりますし、決算で費用として計上しなかった場合は、もちろん損金としてもゼロということになります。つまり、損金として認められるために、決算で費用または損失として計上しておくことを損金経理というのです。

　なお、93ページ①ⓑのように、本来なら前期の費用であったものが前期の決算で費用から漏れ、翌当期に一期遅れで決算で費用計上（前期損益修正損で費用計上）された場合でも、正しい期間損益計算の意味で、当期の損金とは認められませんが、前期の損金として更正の請求を行って過払いの税金を精算することになります。

3 追徴や加算税制度について知っておこう

加算税はペナルティとして課される税金である

● 一度に払えないときはどうする

追徴とは、確定申告の際に届け出た税額と、修正申告や更正処分によって算出された税額の差額分を徴収することをいいます。

場合によってはこの追徴税額に加え、過少申告加算税や無申告加算税、延滞税など附帯税(法人税や所得税などの国税本税に付帯して課せられる税)が課せられることもあります。

追徴される税金は、本来すでに支払っていなければならないはずの税金です。このため、通常の法人税などのように数か月先に納付期限があるわけではなく、すぐに納付しなければなりません。しかも、原則として現金で一括納付するよう請求されますので、納税義務者の負担はかなり重いということになります(場合によっては分割での納付の相談に応じてもらえることもありますが、分割での納付が認められるのはあくまでも特例です)。

なお、新聞やテレビなどの報道では、差額分の追徴税と附帯税を合わせて「追徴課税処分された」などということもあります。

● 税務調査により追徴課税されることを金融機関に伝えるべきか

税務調査によって、追徴課税を受け、納税した結果、一時的に資金繰りが厳しくなることもあります。このような場合、金融機関にそのことが知れるのはよくないと思われるかもしれませんが、むしろ伝えておくべきです。たとえこちらから知らせなくても、税務調査の準備段階で取引銀行にはすでに調査が行っている可能性があるのです。下手に隠すとかえって信頼関係が保てなくなることもありますので、で

きれば税務調査の日程について連絡があった段階で、早目に知らせておいたほうがよいでしょう。

● ペナルティとしての加算税制度

加算税は税務処理に何らかの不備があった場合にペナルティとして課せられる税金で、次の4種類があります。

① 過少申告加算税

申告期限内に提出された申告書に記載された金額が少なかった場合に、その納付すべき税金に対し10％または15％（期限内に提出された申告書に係る税額と50万円とのどちらか多い金額を超える部分）の税率で課される税金をいいます。

ただし、正当な理由がある場合、および自主的な修正申告である（税務調査により更正を予知してなされたものでない）場合には、過少申告加算税は課されません。

② 無申告加算税

正当な理由なく申告期限内に申告しなかった場合に、その納付すべき税額に対し15％または20％の税率で課される税金をいいます。

ただし、税務調査があったことにより更正または決定があることを予知してなされたものでない期限後申告または修正申告の場合には5％に軽減されます。

③ 重加算税

過少申告加算税が課される場合、または無申告加算税が課される場合において、納税者が、その税金に係る課税標準または税額等の計算の基礎となる事実の全部または一部を隠ぺいまたは仮装したときに課される税金をいいます。その税率は高く、過少申告加算税の場合、その計算の基礎となる税額に対して35％、無申告加算税の場合、その計算の基礎となる税額に対して40％となります。

④ 不納付加算税

源泉徴収し、納付すべき税額を正当な理由なく法定納期限までに納付しない場合に、その計算の基礎となる税額に対し、本税に対し10％の税率で課される税金をいいます。

ただし、納税の告知を予知せず、告知を受ける前に納付した場合には、10％の税率が5％に軽減されます。

● 支払った税金の経理上の処理

修正申告等によって加算税を支払った場合、経理上は過少申告加算税、無申告加算税などをそのまま科目として計上し、処理することができます。ただ、毎期発生する経費でもありませんから、わざわざ、固有の税目の勘定をこしらえなくても、法人税等の勘定に含めて処理しても充分です。個人事業主の場合は、事業主貸勘定に借記します。加算税や延滞税などについては、税務上の損金として扱うことはできません。

● 調査は大きく変わってきている

税務調査を受けるとき、たいていの企業担当者はなれない調査で緊張しています。以前はそんなときに調査官に理詰めで説明されると、つい調査官の言う通りに指摘事項の不備を認めてしまったり、言われるままに始末書を書く、修正申告をするなどの行為をしてしまうこともあったようです。しかし、現在ではそういった納税者の不利をなくすため、修正事項を担当官やその部署と納税者や税理士との間のみで決めてしまうことはなくなりました。調査官は、更正や修正しようとする事項のすべての資料をそろえ、各署にある審理課へ提出しなければなりません。審理課はその資料を精査し、更正や修正をすべきかどうかを判断します。

そのため、納税者は主張すべきことを主張することによって調査官を通じ、審理課の判断を仰ぐことになります。

4 脱税・節税・租税回避の違いをおさえておこう

節税は合法的な行為だが脱税は犯罪行為である

● 節税とは

　節税とは税法では、もともと課税標準算定までのルートにおいて選択肢が設けられており、それをどう選択するかは納税者の自由であり、「納税者の有利に」選択適用が認められているというのが建前です。したがって、企業はその時々に、そうした有利な選択肢を選ぶことは当然であり、認められる行為です。これを世間一般では**節税**と呼んでいます。つまり、会社が苦労して獲得した利益には所定の税率で法人税がかけられますので、税法をよく研究して合法的に税負担を減らそうとするのが節税です。

　税金を安くするためには、課税所得を減少させることが必要であり、この課税所得は益金（税務上の収益）から損金（税務上の費用）を差し引いて求めますので、節税するためには、益金を減らすか損金を増やせばよいわけです。しかし、益金を減らすということは、売上などの会社の収益を減らすことですから実際には考えられません。また、損金を増やすということは、会社の費用を増やすことですから、節税するためにムダな経費を使う会社はないように思えます。

　そこで考えられるのが**特別償却**です。特別償却は、通常の減価償却計算に先立って減価償却費の計上を行うことができますので、通常の減価償却費のみの場合より早期に経費（減価償却費）を計上できるわけです。また、減価償却費は現金支出を伴わない経費ですので資金効果は大きいといえます。

　節税手段としてもう一つ考えられるのは、**税額控除**です。税額控除とは、国の政策的な理由によって、一定の設備等を取得した場合、そ

の取得価額の一定金額を直接に税金そのものから減らすことのできるものです。直接税金から控除できますから利用しない手はありません。

その他、**修繕費**を使った節税方法が考えられます。建物等の設備の改修が、損金（修繕費）になるか資産として計上するかによって税負担が大きく違ってきます。税務上、修繕費として処理できる改修（1回の支出が20万円未満または3年以内の周期で行われる改修など）を実施することも節税につながります。

● 脱税とは

脱税とは、税の負担を不法に免れることをいい、処罰の対象となります。簡単にいえば、意図的に売上や経費をごまかして利益を減らそうとする行為です。申告納税義務の不履行に対する行政上の措置として、ペナルティとしての重加算税も課されることになります。悪質な場合は、脱税犯として10年以下の懲役または1000万円以下の罰金（脱税額が1000万円を上回る場合には脱税相当額以下）、あるいはこれらの併科に処せられます。

● 節税と脱税はどう違うのか

節税は合法的な行為ですが、脱税は犯罪行為です。税法ではいろいろな規定に選択肢が設けられており、それをどのように選択するかは納税者の自由であり、納税者にとって有利になるような選択適用が認められています。したがって、会社はその時々に、そうした有利な選択肢を選ぶことができます。

● 租税回避行為とは

「節税」と「脱税」の中間には、そのどちらでもないグレーゾーンがあり、この部分を**租税回避**といいます。

租税回避は、違法ではありませんが、もっぱらあるいは主に税負担

の軽減・回避を図る目的で、通常は考えられないような特殊な取引を行い、租税負担を減少させる行為をいいます。

租税回避行為そのものが批判される理由としては、「租税正義ないし租税負担の公平の観点から不合理である」ことが挙げられています。

租税回避が許されない行為であるというのは、たとえば、同一の所得の人（所得金額2000万円・税金600万円）のうち、ある納税者が租税回避を行うことによって税負担を200万円に減らすというケースであり、同じ所得金額でありながら税負担が異なるのは問題であるということです。租税回避行為には、以下のような特徴があります。

① 税法上、それ自体は有効な取引であり、取引自体には仮装や隠ぺい行為は認められない
② ただし、取引自体は不合理かつ不自然であり、時には法の濫用解釈が認められる
③ ときには、主たる取引当事者以外の者を利用するなどの「迂回行為」を利用する場合がある
④ 結果として、その者の課税価格（所得）を減少させ、税負担を減少させる

■ 節税・脱税・租税回避行為

節　　　　　税	→ 有利な税務処理方法を選択する合法的な行為
脱　　　　　税	→ 税の負担を不法に免れる犯罪行為
租 税 回 避 行 為	→ 違法ではないが、特殊な取引をすることにより税負担を減少させる行為

5 脱税によるデメリットについて知っておこう

追徴税額の納付はもちろん、社会的制裁も受ける

● 脱税をしたらどうなるか

　納税者が、申告しなければいけないのに申告をしなかった場合や、わざと額を少なくして申告した場合、脱税となり、社会的な制裁を受けることになります。

　脱税に対する行政処分は、簡易的なものとして**追徴金**があり、その追徴金の一種に**重加算税**があります。重加算税は、所得の事実を隠ぺいし、または仮装して申告した場合に賦課されるもので、追徴金の中でも重い処分といえるでしょう。

　重加算税の税率は、少なめの申告をした場合（過少申告）に対しては35％、しなければならない申告をしなかった場合（無申告）には40％にもなります。

　この他に、本税（もともと納めなければならない税金のこと）を期限内に納めなかった場合は、利息として延滞税が別途かかってきます。

　延滞税や追徴税は、本税とは別に払わなければならないので、会社が負う経済的な負担は大きいといえます。中でも、申告しなかった額が大きい場合や、手口が悪質な場合には、検察官への告発（裁判にかけてもらうように脱税の証拠の引き継ぎをすること）を通じて、懲役や罰金という刑罰も科されます。

　「少しでも納税額を節約したい」という考えは、経営者であれば誰でも考えることでしょう。法律の範囲内で、支払わなくてもよい税金を支払わないように頭を使うことは節税であり、何の問題もありません。しかし、存在している売上をないものに見せかけたり、存在しない経費をさも存在しているかのように細工することは、節税ではなく、

脱税です。いかに巧妙に脱税を企てても、国税庁の担当官である国税査察官が行う緻密で系統だった査察調査（脱税を見つけるために行われる調査のこと）によって、その脱税はきっと発見されます。脱税していることが判明すると、刑事事件として検察官に告発されます。その後、検察官によって裁判所に起訴されて有罪が確定すると、懲役や罰金の刑罰が科されます。具体的には、10年以下の懲役または1000万円以下（脱税額が1000万円を超える場合は脱税相当額以下）の罰金となるか、あるいは懲役と罰金の両方が科されることになるのです。こうなってしまうと、多くの時間と費用を失うだけでなく、会社の名誉や社会的信用も失墜してしまいます。

　一度失墜させてしまった信用を再び元の状態に戻すのには多くの時間と努力を要することになるでしょう。

　税金を支払いたくないばかりに、行き過ぎた行いをした結果、懲役や罰金を科されてしまうことになれば、支払わずにすませようとした金額以上のものを失うことになるのです。国民一人ひとりが所得に応じて負担しなければならないはずの税金を不当に免れることは、社会のルールを守らない犯罪であることを肝に銘じておくようにしましょう。

■ **脱税の本質**

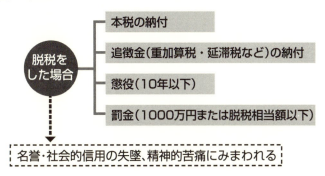

● 査察調査とは

　最終的には刑事罰を受け、社会的信用まで失墜させてしまう脱税ですが、「簡単には見つからないだろう」と考えて実行する人が後を絶ちません。しかし、国税局や税務署は、的確な調査を行って、申告の誤りや不正を見つけます。軽微なミスによる場合には、正しい申告に改めるように納税者に指摘して、適正公平な課税の実現に努めますが、申告しなければいけないのに申告をしなかったり、わざと過少な申告をしている脱税者に対しては、厳しい態度で臨みます。

　こうした脱税を見つけるために行われる調査を**査察調査**といいます。通常行われる税務調査の場合には、税務署の職員が行いますが、査察調査の場合には国税局が担当します。査察調査は、国税犯則取締法という法律に基づいて行われるもので、実際に調査を行うのは国税査察官です。また、査察調査は、任意調査である税務調査とは異なって、強制調査として行われます。

　額が大きい場合や悪質な脱税を行っている疑いのある納税者に対しては、本税や重加算税、延滞税などを納めさせるだけでなく、裁判所の許可を得て、強制的に調査を行うことになっているのです。そして、最終的には、検察官への告発を通じて懲役や罰金などの刑事罰を科すことを目的として行われます。つまり、査察調査は、犯罪捜査に準じた方法で行われる特別な調査です。このため、査察調査を行う国税査察官には、裁判官の発する許可状を受けて事務所などの捜索をしたり、帳簿などの証拠物件を差し押さえたりする強制調査を行う権限が与えられています。

　なお、査察調査や検察官の捜査が終了し、脱税の事実が認められると、所轄の税務署から更正決定通知書が送られてくることになります。更正の内容に異議がない場合は、この通知内容に従って、本税や重加算税・延滞税を納付することになります。

6 脱税の手口にはどんなものがあるのか

経費を仮装するか売上を少なく見せかけるかのいずれかの手法がとられる

● 言い逃れができないようなことはしない

　税の申告を行うときにはなるべく課税額が少なくなるようにしたいと考えるのが人情でしょう。税額を計算するときにいくらかの幅がある場合には、課税額が低くなる方法で計算するケースも多いでしょう。その計算について、税務署と見解が分かれることもあります。どのように計算したらよいか迷った場合、税務署の職員に尋ねたほうがよいでしょう。税務署の職員に尋ねる時間がなく、自分の判断で計算した場合、判断の難しいところについては、後日税務署から指摘を受ける可能性がありますが、この場合は指摘に従って修正すればすむことがほとんどです。しかし、仮装隠ぺい行為を行った場合には、明らかに脱税を目的としているものと判断され、厳しい制裁が待っています。**仮装隠ぺい行為**とは、隠ぺいまたは仮装という悪質な手段で税金を免れようとすることで、このような行為を行った納税者には、重加算税というペナルティが待っています。

　仮装隠ぺい行為に該当する具体的なものとしては、たとえば二重帳簿を作成したり、帳簿・書類・証憑を隠匿（隠すこと）した場合、また、これらに虚偽の記載を行ったり記載内容を改ざんした場合、事業の経営・取引・所有・取得を架空名義で行った場合や税務調査で虚偽の答弁をした場合などが考えられます。

● 領収書の偽造

　脱税には、売上を少なく見せかけるか、経費を仮装する方法のいずれかの方法がとられますが、領収書の偽造は、そのうち経費を仮装す

る場合によく使われます。

　飲食店を利用した際に交付された領収書の金額や日付を書き替えたり、領収書を自分で作ってしまう場合もあります。また、倒産した会社や幽霊会社の名義で領収書を発行し、この領収書を額面額に応じた金額で売っている組織もあります。こうした組織が売っている領収書は当然実態に即したものではありませんから、これを買い受けて経費を仮装した場合には、脱税となります。

　その他にも、経費を仮装する方法として、下請け業者などに業務の一部を発注する場合に計上する外注費の数字が調整されることがあります。実際に発注していないのに発注しているように見せかけて脱税する手口です。しかし、これは取引先に税務署からの調査が入ればすぐにわかってしまうことです。

● 隠し口座をもっている

　事業で使用している銀行口座は、すべて申告書に記載しなければならないことになっています。したがって、事業で使用している口座が複数ある場合には、使用しているすべての銀行を申告書に記載する必要があります。しかし、事業で使用している口座を申告書に記載せずに、その口座に入金された売上を申告しなかった場合、脱税となります。このような隠し口座を**簿外口座**といいます。税務署の職員は、この簿外口座を見つけるために、銀行に出向いて調査を行い、不審な口座を見つけると、入出金の記録をチェックします。もちろん、職員から調査に協力するように求められた場合には、銀行はそれに協力しなければならないことになっています。税務調査や査察の対象となった場合、その対象者の自宅や店舗、事務所の周辺の銀行は、すべて調査されていると考えて間違いありません。

　したがって、隠し口座を持っていたとしても、その口座を開設した銀行に税務署の調査が及べば、その記録は難なく提示され、脱税行為

は白日の下にさらされることになるのです。

◉ 取引を隠す

　実際に行った取引を隠すのも、脱税の手口としてよく行われています。たとえば、現金で商売を行っている店舗などの場合には、レジを隠す手口があります。通常、現金商売を行っている場合には、取引の記録を残すためにレジを利用しますが、このレジを複数台導入している店舗などで、そのうちの1台を隠してしまうのです。隠したレジの分のレシートはすべて廃棄したり隠してしまいます。そうすると、その1台分の売上を隠すことができる、というわけです。

　しかし、調査の際に、レジの数を事前に把握されていたり、仕入と在庫からつじつまが合わないことがすぐに判明してしまいます。

　また、取引の代金などを簿外口座に振り込ませたとしても、取引の記録は調査で明らかになりますから、実際に取引を隠し通そうとしても、調査が実施されれば発覚するのは時間の問題といえるでしょう。

◉ 売上をごまかす

　現金商売を行っている事業者の場合、売上そのものを少なく見せかける手口がよく使われます。具体的には、売上伝票を廃棄したり、そもそも計上しない、といった方法です。ただ、税務署側も脱税手口はよくわかっていますから、当然のことながら、対策をとってきます。

　たとえば、飲食店の場合には、その店舗にあるメニュー表から商品の単価、営業時間、時間帯ごとの顧客の出入り、一人あたりの料金、主力となるメニューなどを確認し、仕入れと経費をチェックした上で不自然な売上となっていないかを確認します。さらに、税務署の職員が一般の客を装ってお店を利用することもあります。もちろん、ただ単に客として利用するのではなく、その店舗の状況をチェックして、裏付けをとっているのです。

7 税金に不満があるときはどうする

不服申立て手続には再調査の請求（異議申立て）と審査請求がある

◉ 納得できない場合は

　税務調査で、納税者が申告した所得や税額が少ないことが判明すると、税務署長は申告内容を否認します。

　申告内容について否認された場合には、納税者が修正申告を行うか税務署によって更正されることになります。

　申告内容の否認とは、たとえば、交際費として計上したものの一部が認められない場合や売上の計上漏れを指摘されたようなケースです。申告を否認された納税者が、その否認された事項について、その誤りを認める場合には、修正申告を行うことになります。修正申告とは、申告を否認された納税者が申告内容の誤りを認めて自発的に修正し、申告し直すことです。

　ただし、納税者は否認された事項に納得できない場合には修正申告をしないこともできます。この場合には、税務署によって更正（誤った金額などを修正すること）がなされます。また、申告書の提出義務がある納税者が申告書を提出しない場合には、税務署が調査を行って所得金額や税額を決定します。

　更正、決定、財産差押えなどの処分は、納税者側の同意がないままに一方的に行われるものです。

　こうした処分を受けた納税者が、それについて納得できない場合には、不服申立制度を利用することができます。なお、平成26年に不服申立て制度に関する法改正があり、平成28年4月以後になされた処分は新しい不服申立て制度を利用して争うのに対して、平成28年3月以前になされた処分は従来の不服申立て制度を利用して争うことになっ

たことに注意が必要です。

国税不服審判所のサイト（http://www.kfs.go.jp/system/）でも詳しく説明していますので参照してみるとよいでしょう。

● 不服申立てとは

不服申立て制度は、納税者の権利や利益が不当に損なわれることのないように設けられているもので、手続きとしては税務署長に対して行う再調査の請求（平成28年3月以前の処分を争うときは異議申立て）と国税不服審判所長に対して行う審査請求があります。

再調査の請求（異議申立て）は、税務署長が行った更正、決定、財産差押などの処分に不服がある場合、処分の通知を受けた日の翌日から3か月以内（異議申立ては2か月以内）に、その税務署長に対して書面で行うことになっています。再調査の請求（異議申立て）を受けた税務署では、担当者を替えた上で改めて調査を行います。この調査の結果は、納税者に通知されます。この通知を再調査通知（異議申立てのときは異議通知）といいます。

税務署長から出された再調査通知（異議通知）の内容に不服がある場合には、再調査決定書（異議決定書）の謄本の送達があった日の翌日から1か月以内に、国税不服審判所長に対して審査請求をすることになっています。ただし、平成28年4月以後になされた処分については、処分の通知を受けた日の翌日から3か月以内に、再調査の請求を経ることなく直ちに審査請求をすることができます。

国税不服審判所とは、国税局や税務署から独立した第三者的な立場で納税者の正当な権利や利益を救済する機関です。国税不服審判所では、専門的な知識と豊富な経験を持った国税審判官が、公正な立場で調査、審理を行っています。

また、税務署長に再調査の請求（異議申立て）をした日の翌日から3か月を経過しても再調査通知（異議決定）が出されない場合には、

通知を受けるのを待たずに審査請求をすることができます。審査請求に用いる用紙は、国税不服審判所や税務署に用意されています。

さらに、国税不服審判所長による調査、審理の結果（裁決）に不服がある場合には、裁判所に訴訟を起こすことができます。

● 税務訴訟はいきなり起こせない

審査請求を経てもまだ不服がある場合には、税務訴訟を提起することができます。税務訴訟とは、税務署の処分に不服があるときに、国（税務署長）を相手に起こす訴訟のことです。

税務訴訟の提起は、具体的には、国税不服審判所長の裁決に不服がある場合や、審査請求をした日の翌日から3か月を経過しても裁決がないときに行うことができます。つまり、国税不服審判所に審査請求をした上で、なお不服があるときにはじめて地方裁判所に訴訟を提起することができるのです。

ただし、税務訴訟の場合、たとえ勝訴しても、敗訴した相手方に対して弁護士費用の補償を請求することができません。このため、「費用の面から考えて得策ではない」と考えて訴訟を提起することをあきらめる納税者も多いのが実情です。

一方、自社の税務処理に落ち度がないことを世間に知らせることが信用を保つために必要である、といった事情がある場合には、訴訟を提起する意味もあります。

● どんな手続きなのか

税務訴訟の手続きは専門的で複雑なものです。訴訟ですから、裁判所で対立する当事者が口頭弁論に基づいて手続きを進めていくことになります。各種の尋問、証拠調べなども行われます。納税者は訴訟の当事者となりますから、口頭弁論に出席し、証拠を提出しなければなりません。もちろん、通常の訴訟と同様に訴訟代理人をつけることも

できますが、その場合には、訴訟代理人となった弁護士への報酬も支払わなければなりません。

　ただ、弁護士を代理人として税務訴訟を起こしても、納税者が勝訴するのは、なかなか困難なことです。税務訴訟は、処分を行った税務署長に対して訴訟を起こすことになりますが、そもそも相手は税金のプロです。納税者も訴訟代理人にプロである弁護士を立てることが多いとはいえ、弁護士自身は法律のプロであり、税金のプロとはいえない場合がほとんどです。中には税法に精通している弁護士もいますが、それほど数は多くありません。したがって、実際に裁判の場で争うことになった場合には、知識・経験の面でもかなり不利な状況となるのが現実です。

　ただし、納税者にも対抗手段が全くないわけではありません。税務訴訟の場合には、代理人に弁護士を立てるだけでなく、税理士に補佐人として出廷してもらうこともできます。これを**税理士補佐人制度**といいます。補佐人となった税理士は、弁護士とともに裁判の場で陳述することができます。つまり、税理士補佐人制度を利用して法律のプロである弁護士と税務のプロである税理士に補佐してもらうことができると、納税者側も知識・経験面で互角な状況となり、自身の権利を守るために闘いやすくなるのです。

■ 税務訴訟（平成28年4月以後の処分）

処　分 → 再調査の請求 → 審査請求 → 訴　訟
処　分 ───────────────→ 審査請求

※いきなり訴訟を起こすことはできない

税務訴訟ができる場合
国税不服審判所長の裁決に不服があるとき
審査請求をした日の翌日から3か月を経過しても裁決がないとき

第3章　税務調査後の対応

Column

ネット上のデータ調査をめぐる制度改正

　国税査察部（マルサ）が行う強制調査の手続きは、「国税犯則取締法」という法律のルールに従って執り行われます。この法律は、昭和28年に一部改正が行われて以降、特に大きな変更が加えられていません。そのため、今の規定内容のままでは、現在の社会の状況に十分対応しきれていない部分が生じています。そのことが原因となり、適正な税務調査が実施できていないことが指摘されており、大きな問題となっています。

　こうした現状を解決し、公正な徴税を実現するため、現在の社会の要請に合う形に「国税犯則取締法」を改正することが検討されています。この法改正は、2017年の税制改正に盛り込まれる予定となっています。

　今回検討されている制度改正の中でも特に注目すべきなのは、脱税調査の際に、パソコン内のデータだけでなく、ネット上に保管されているデータも強制的に調べられるようになる点です。現在の規定では、脱税調査の際に強制的に調査できる対象物は、パソコンや書面などの押収物に限られています。クラウドサービス（メールや画像などのデータを、インターネット上のサーバー内に保管するサービスのこと）を利用することによって、ネット上に保存されているデータについては、強制的な調査が及びません。そのため、クラウドサービスを悪用し、脱税の証拠となる会計帳簿などをサーバー内に隠ぺいするというケースが発生しているのです。

　法改正後は、クラウドサービス事業を運営している企業に対し、保存データの開示要請ができるようになりますので、上記の問題が解消されることになります。また、本人の同意がなくてもパソコン内のデータをコピーできるようにすることや、脱税調査を日没以降も開始できるようにすることなども、改正内容に盛り込まれる予定です。

第4章

労基署調査のしくみ

労働基準監督署にはどんな権限があるのか

違法行為の監督のため、調査や出頭を命じることができる

● 労働基準監督署が調査に乗り出す

労働者と使用者の間で生じるトラブルには、「賃金の支払いが遅れている」「時間外労働の賃金が支払われない」「一方的にシフトを変更され、賃金が減った」「他の社員の前で罵倒され、上司から理不尽な扱いを受けている」など、さまざまなものがあります。労働相談については、弁護士会、法テラス、社労士会労働紛争解決センター、都道府県労働局など、多数の相談機関で取り扱われています。

使用者が特に気をつけなければならないのは、解雇・賃金不払いの労働条件に関する相談、職場の安全衛生・健康管理に関する相談、労災保険に関する相談の結果、会社の業務遂行体制に労働基準法、労働安全衛生法などに違反する行為があると判断された場合です。このような場合には、労働法規の監督を職責とする**労働基準監督署による調査**が行われるので、注意しなければなりません。

● 労働基準監督署とはどんな組織なのか

労働基準監督署（労基署）は、厚生労働省の下部組織である都道府県労働局の出先機関です。労働基準監督署は、全国47都道府県の労働局の下で、労働基準行政の第一線機関として325か所（321署及び4支署）に設置されています。

労働基準監督署の業務は、労働基準法など関係法令の周知徹底を図り、労働者の労働条件や安全衛生の確保・改善の指導をすることです。具体的には、①事業場に対する臨検監督指導（立入調査）、②労働災害が発生した場合の原因の調査究明と再発防止対策の指導、③重大な

法令違反事案などについての送検処分、④使用者などを集めた説明会の開催、⑤申告・相談に対する対応、といった業務を担っています。

また、労働災害を被った者に対して労働者災害補償保険法に基づく保険給付を行うことも労働基準監督署の業務のひとつです。

特に指導監督の点については強い権限を持っており、場合によっては事業所の捜査を行ったり、悪質な事業主を逮捕・送検するなど、特別司法警察職員としての活動を行うこともあります。

労働基準監督署は労働基準法、労働安全衛生法についての相談・申告を受け付けており、相談を受けると、トラブル解決に向けての情報提供、事業所への立入調査などの対応も行っています。このため、労基署は一般に「労働問題の駆け込み寺」などとも呼ばれています。

● 労働基準監督署は万能の機関というわけではない

このように見てくると、労働基準監督官や労基署は労働問題の解決のために必要な権限を与えられた強力な機関であり、たとえ前述したような労働トラブルが起こっても、とにかく労基署に行きさえすれば

■ 労働基準監督署とは

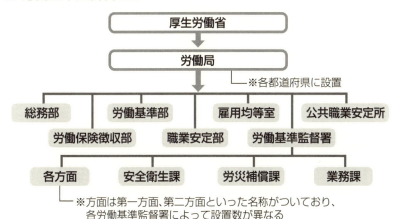

即座によい解決を導いてくれるように感じられるかもしれません。

しかし、実はその権限には限りがあり、どんな労働トラブルでもたちどころに解決してくれるわけではないというのが現実です。

労働基準監督署の調査は、労働基準法・労働安全衛生法・最低賃金法などに違反しているかどうかを目的として行われますが、民事紛争に関する内容については調査対象とはなりません。したがって、たとえば労働者を解雇した場合に、その解雇が労働基準法に違反していない限り、調査の対象にはなりません。解雇と同様、賃金や賞与のカットなどについても、労働基準法に定められた手続きに則って行っている会社に対して調査を行うことはありません。

また、前述した「特別司法警察職員」としての権限は非常に強力なものですが、これを行使できるのは一部の労働関係の法律に関する違反に対してのみです。「事業主が、解雇予告手当を支払わずに、即日解雇した」など、明らかに労働基準法の規定に違反すると判断できるものについては効果を発揮しますが、セクハラやパワハラなどのように、関係法令に明確な規定がなく、労働者と事業主の間で主張が異なるものや、「法令違反であるかどうか」という判断を裁判所に委ねなければならないような内容のものについては対応できません。実際の労働トラブルの多くはこのような内容であり、労働者・事業主双方がそれぞれ言い分を持っていますので、労働基準監督署では直接指導・監督などの対応をすることができず、裁判所での訴訟や都道府県労働局ごとに設置されている紛争調整委員会でのあっせんなど、別の機関による紛争解決の情報を提示するにとどまることも多いようです。

● 労働基準監督官とは

労働基準監督官は、厚生労働省や労働局、労働基準監督署などに勤務する国家公務員です。一般の国家公務員試験ではなく、労働基準監督官の採用試験に合格した者のみがなれる専門職でもあります。

労働基準監督官の主な仕事は、「労働者の働く環境を守る」ということです。労働者が安心かつ安全に働くためには、労働条件の整備や事業所の安全面・衛生面の整備、万が一事故などが起こった場合の生活保障といったことが不可欠であり、そのために労働基準法をはじめとする労働関係法を整備し、よりよい環境づくりに向けて改正を重ねています。すべての事業所には、これらの法律を遵守する義務があるわけですが、法律の内容を知らなかったり、事業主の利益のために故意に守っていない場合があるというのが現実です。このため、労働基準監督官には、職務を遂行するために「行政上の権限」と「特別司法警察官としての権限」という２つの権限が付与されています。

● どんな権限をもっているのか

　労働基準監督官に与えられている「行政上の権限」「特別司法警察官としての権限」とは、具体的にはどのようなものなのでしょうか。その内容は、労働基準法などに次のように規定されているため、順番に見ていきます。

　なお、労働基準監督署がこれらの権限を行使する目的としては、働いた分、特に残業分の賃金が適正に支払われない問題や、心身に影響を与えかねない長時間の労働に関する問題が多く挙げられます。適正に労働時間が管理されているかどうかは、労働者の安全性や当然持ちうる権利を主張するための重要な問題であるためです。

① **行政上の権限（労基法101条・104条の２）**
　企業の労働環境の実態を知るためには、直接その企業の事務所や寄宿舎などに出向いて調査を行うことが必要になる場合があります。通常、事業主の許可なくそのような場に立ち入ることは許されませんが、労働基準監督官には事前に事業主に連絡をしたり、許可を得なくても、事務所などへ立ち入って帳簿やタイムカードなどの関係書類を調査したり、従業員などへの聞き取り調査をすることができる権限が与えら

れています。このような立入調査を**臨検**といいます。

　また、労働者からの相談を受けるなどして、必要があると認めた場合には、労働基準監督官は当該事業所などに対し、報告を求めたり、労働基準監督署への出頭を命じることができます。

　なお、報告や出頭を命じられた事業主は、これに応じて正確な報告をしたり、出頭しなければなりません。虚偽の報告をしたり、出頭しなかった場合には、罰則が科せられる可能性があります。

② 　特別司法警察官としての権限（労基法102条他）

　「司法警察官」の職務とは、法令違反者に対し捜査や逮捕、送検といったことを行うことです。このような職務を行う者としてすぐに思い浮かぶのは、都道府県警察署に勤める警察官でしょう。刑事訴訟法に規定されている司法警察職員とは、いわゆる警察官のことですが、労働基準法、最低賃金法、賃金の支払の確保等に関する法律、労働安全衛生法、じん肺法、作業環境測定法、家内労働法などの労働関係法では、労働基準監督官に対し「特別司法警察官」として司法警察官の職務を行うことを認めています。つまり、たとえば賃金不払いで労働基準法に違反していると見られる事業主がいる場合、労働基準監督官はその事業主や事業所、関係者などに対する強制捜査を行ったり、違反が明らかになった場合に逮捕・送検を行うことができるというわけです。

　なお、逮捕については、実施されるケースはさほど多くはありませんが、成人していない若者や外国人を不当に雇っているケースや、相当数の長時間労働による事故で死亡者が発生するようなケースでは、逮捕が実施される可能性が生じます。

◉ 残業代不払いの場合はどうなる

　たとえば業務上の必要から残業をしているにもかかわらず、「与えられた仕事をするのは当たり前」「残業代は賃金に含んでいる」などとい

う理由をつけて残業代を支払わない、という事業者がいたとします。

労働基準監督署は、労働者からこのような相談を受けて、必要と判断すると、事業主に報告や出頭を求めたり、場合によっては臨検を行うなどして事実を確認します。その結果、残業代不払いの事実が認められる場合は、最長２年間さかのぼって（賃金債権の時効は２年とされているため）不払い分の賃金を支払うよう指導したり、今後労働基準法に沿った運用をするよう是正勧告するといった対応を行います。

さらに、それでも支払いが実行されないなど悪質なケースに対しては、検察に書類送検することもあります。

しかし、実際に事業主から労働者に２年分の不払い賃金が支払われるかどうかということについて、労働基準監督署は直接関わることはできません。監督署には労働基準法に規定された以上のことを行う権限はなく、会社の財産を差し押さえて売却するといったことはできないからです。このため、労働者が未払い賃金を現実に手にするためには、裁判所に支払督促を申し立てたり、民事訴訟を起こすなどの法的手段をとることが必要になります。

■ **労働基準監督署の業務**

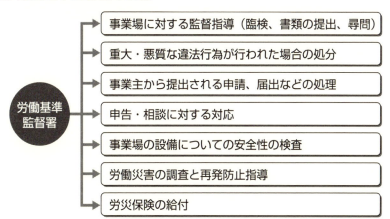

第４章　労基署調査のしくみ　119

2 どんな調査が行われるのか

関連法律違反がないかどうかを調べる

● どんなことを調査するのか

　労働基準監督署は、会社が労働基準法などの法律に基づいて、労働者の労働条件を確保し、違反がある場合には改善の指導を行う労働基準行政の機関です。また、安全衛生に関する指導や労災保険の給付を行うのも労働基準監督署です。労働基準監督署の調査は、会社が法令違反をしていないかどうかを調査するために行われますが、その対象となる主な法律は労働基準法や労働安全衛生法です。具体的な調査内容は、労働基準法に関するものとしては、労働時間に関するものの他に、割増賃金に関するもの、労働条件の明示の有無や就業規則・賃金台帳（給与台帳ともいいます）に関する事項があります。

　また、安全基準や安全衛生規則に関することや健康診断などの労働安全衛生法に関する調査も行われます。

　労働基準監督署が事業所に対して行う調査の目的は、労働基準法をはじめとする労働関係の法律の規定に違反するところがないかどうかを確認するということです。労働基準監督署が調査を行う対象は、労働基準法違反の有無ですが、中でも労働時間に関する調査は非常に多く行われています。特に、労働時間の適正化については、重点的に調査が行われています。具体的には、たとえば次のような点について、就業規則や三六協定、賃金台帳、出勤簿・タイムカードといった書類を確認したり、事業所に勤務する労働者や関係者に対する聞き取りを実施するといったことが行われます。

・労働基準法や三六協定に違反する長時間労働が行われていないか

　労働基準法では、「休憩時間を除き、週40時間、1日8時間を超え

て労働させてはならない」と規定しています（32条）が、労働組合等と協定をした場合は、その内容に基づいて労働時間の延長や休日出勤をさせることなどが認められています（36条）。この協定を**三六協定**といいます。調査では、タイムカードや出勤簿などの記録の他、場合によってはパソコンのメール送信時間やビルの鍵受け渡し簿、労働者や取引先など関係者への聞き取り調査を行うなどして労働時間の実態を把握し、法律や協定に違反していないかを確認します。

■ 労働基準監督署の役割と調査の対象

労働基準監督署の役割
- 労働基準法などの法律に基づいて行動する
- 労働者の労働条件について法律に基づいてチェックする
- 違反がある場合には改善の指導などを行う
- 安全衛生に関する指導を行う
- 労災保険の給付を行う

労働基準監督署の調査
会社が法令違反をしていないかどうかをチェックする対象となる法律
　　労働基準法・労働安全衛生法・最低賃金法など

```
調査内容
　労働基準法に関するもの
　　・労働時間に関するもの
　　・割増賃金に関するもの
　　・労働条件の明示の有無
　　・就業規則・賃金台帳に関する事項
　労働安全衛生法
　　・安全基準や安全衛生規則に関すること
　　・健康診断に関すること
```

労働基準監督署の調査対象とならないもの
民事紛争に関する内容
- 労働基準法に則って行われた労働者の解雇
- 労働基準法に則って行われた賃金や賞与のカット

現在、労働時間の延長は1か月45時間、年間360時間などが上限とされていますが（平成10年労働省告示第154号）、突発的又は一時的な業務の発生といった特別の事情があるときに労働時間の延長を認める「特別条項付き三六協定」を締結すると、この協定には延長の上限がないため、事実上制限のない労働を強いられるおそれがあることが問題となっています。そのため、平成29年中に労働基準法を改正し、労働時間の延長の上限を労働基準法で明確に定めて、長時間労働の抑制を図ることが検討されています。具体的な上限に関しては、1か月を基準として、告示で定めている45時間、割増賃金率が5割に上昇するラインである60時間（178ページ）などが挙げられています。

・**長時間労働に見合う残業代が支払われているか**
　労働時間を延長したり、休日出勤させた場合、割増賃金を支払わなければなりません（労基法37条）。調査では、賃金台帳や給与明細の控えなどから残業代の支払い実態を把握し、適正な支払いが行われているかどうかを確認します。

・**就業規則の内容は適正か、労働者がいつでも見ることができるか**
　常時10人以上の労働者を使用する事業所には、就業規則の作成及び管轄の労働基準監督署への届出が義務づけられています（労基法89条）。また、作成した就業規則は労働者に配布したり、いつでも見られる場所に配置するなどしておく必要があります（労基法106条）。
　調査では、就業規則の内容はもちろん、一方的な変更が行われていないか、労働者への周知状況はどうかといったことも確認されます。

・**定期的な健康診断が行われているか**
　労働安全衛生法では、常時使用する労働者について、雇入れ時及び1年以内ごとに（毎年同じ時期に）1回の健康診断を実施するよう義務づけています（66条、労働安全衛生規則44条）。また、健康診断結果について記録・保管することも必要です。調査ではこの記録などをもとに、健康診断が適正に行われているかどうかを確認します。

● 調査や指導にはどんなものがあるのか

　労働基準監督署が行う調査の手法には、「呼び出し調査」と「臨検監督」の2つがあります。

　呼び出し調査とは、事業所の代表者を労働基準監督署に呼び出して行う調査です。事業主宛に日時と場所を指定した通知書が送付されると、事業主は労働者名簿や就業規則、出勤簿、賃金台帳、健康診断結果票など指定された資料を持参の上、調査を受けることになります。

　臨検監督とは、労働基準監督署が事業所へ出向いて立入調査を行うことで、事前に調査日時を記した通知が送付されることもあれば、長時間労働の実態を把握するために、夜間に突然訪れることもあります。

　また、調査が行われる理由の主なものとしては、「定期監督」と「申告監督」があります。**定期監督**とは、調査を行う労働基準監督署が管内の事業所の状況を検討した上で、対象となる事業所を選定して定期的に実施する調査です。事業所の選定は任意無作為とされていますが、その年によって重点的に調査する業種が決まっていたり、労災が頻発している事業所を抽出するなど、ある一定の条件に沿って選定されることも多いようです。実施される事業所には持参品や日時が記載された通知文が送られてきます。

　これらの調査の結果、労働基準法などに違反している点が発見された場合、まずその点を改善するよう、是正勧告書（137ページ）という書面によって指導がなされます。

　是正勧告書には、労働基準法の第何条に違反しているか、どのような点に違反があるのかなどについての詳細が記されるとともに、是正期日を示して期日までに改善内容を報告をするよう求める旨が記載されています。事業主はその内容に基づいて、改善に向けた具体的な方策を検討する必要があります。

　ただ、この是正勧告書には法的強制力はありません。つまり、勧告書に従って改善や報告をしなかった場合でも、そのことで罰則が科せ

られるといったことはないわけです。だからといって是正勧告に従わずにいると、「再監督」が行われる可能性があります。

再監督とは、是正勧告書の期日までに報告書が提出されなかったり、改善の意思が見られないといった事業所に対し、改めて調査を行うことをいいます。再調査の対象になれば、労働基準監督署側は悪質な事業所であるとの認識を持ちますから、調査のやり方も最初のときより厳しくなります。さらに、再監督の結果、法律違反が認められれば逮捕・書類送検されるといったことにもなりかねませんので、是正勧告には速やかに応じるほうがよいでしょう。

この他、大規模な労働災害が起こったり、短期間に何度も労働災害が起こっている場合には、災害の原因や状況について調査することがあります。これを「災害時監督」といいます。

● 申告監督とは

労働基準法などの違反によって、一番被害を受けるのは労働者です。労働組合が組織されている会社などでは、団体交渉を行ったりストライキをするなどして事業主側と戦うこともできますが、労働組合のない中小企業などで一労働者が事業主に改善を要求することは難しいのが実情です。このようなときの相談窓口となるのが労働基準監督署です。労働基準法や労働安全衛生法などでは、事業所に法律違反の事実がある場合、労働者は行政官庁（労働基準監督署など）に申告することができると規定しています（労基法104条1項など）。

労働基準監督署は、労働者から「不当な理由で解雇された」「時間外労働をしても賃金が支払われない」といった申告（労働基準法違反申告書、131ページ）があると、必要性を判断した上で、その内容が事実であるかどうかを確認するための呼び出し調査や、事業所への臨検を行うといった対応を行います。これが**申告監督**です。近年、労働者からの申告が増加していることから、申告監督の実施数も増加傾向

にあります。労働者からの申告があったからといって、すべての事案について申告監督が行われるわけではありませんが、事業主としては、法律違反の実態があれば労働者が申告を行い、申告監督が実施される可能性がある、ということは知っておいたほうがよいでしょう。

なお、申告監督の場合、事前に実施日程などについての通知が送られることもありますが、突然調査に訪れたり、定期監督として調査に行くといったことも多いようです。これは、申告があった以上、法律違反をしている悪質な事業所である可能性が高く、証拠隠しをしたり、申告した労働者に対し、非難や嫌がらせをするといったことが起こる可能性が高いと懸念してのことです。

● あらゆる点が調査される

労働者から労働基準監督署に対して申告を行う場合、口頭で申告することもありますが、通常はどの法律についてどのような状況で違反があったかということが詳細にわかるような書面を提出することが多いようです。特に証拠資料が添付されていたり、事業所の実態などが詳細に指摘されている場合には、その内容が事実であるかどうかの裏付けがとれるよう、かなり厳しい調査が行われることになります。

ただ、申告監督であっても、申告内容だけが調査されるということはまずありません。定期監督と同様、あらゆる点について法律違反がないか、調査が行われます。たとえば申告内容が「サービス残業をさせられている」ということだけであったとしても、労働安全衛生法に基づく健康診断が実施されているかどうかといった調査も同時に行われるということです。これは、一つの法律違反がある事業所は、複数の法律違反をしている可能性が高いとみなされるためです。したがって、申告監督の際にも、指示に応じて就業規則や三六協定、タイムカード、出退勤簿、賃金台帳、定期健康診断結果票の関係資料を準備し、提示することになります。

● 是正報告書とは

　労働基準監督署からの調査を受け、法律違反を指摘されて是正勧告を受けた場合、事業主は速やかに改善をすることが求められます。

　どのように改善するかについては、各事業所の事情に応じて決めていくことになります。たとえば三六協定がないにもかかわらず、長時間労働をさせていたという場合、長時間労働をさせないようにすればよいわけですが、業務の都合上、どうしても働いてもらわざるを得ないということもあります。そのような場合には、事業主と労働者の間で話し合いをして、新たに三六協定を締結するという方法を選択することもできます。つまり、結果的に法令を遵守すれば問題はないわけです。

　このように、法令違反事項について改善内容を決め、労働基準監督署に報告する必要があります。報告の方法などは特に決められていませんが、通常は**是正（改善）報告書**（143ページ）などの書面を作成して提出します。報告書には、是正勧告書で指摘された違反事項ごとに是正内容と是正年月日を記載し、必要に応じて事業所の写真や三六協定の書面など是正内容が具体的にわかる資料を添付します。

　なお、実際には未払いの残業代を支払っていないのに、支払ったと報告したり、労働者側と合意できていないにもかかわらず三六協定の協定書を添付するなど、虚偽の報告書を提出するようなことは絶対に避けるようにしましょう。報告書を提出した時点では虚偽であるとわからなくても、労働者が再度申告するなどして、後に発覚することがあります。このような場合には、労働基準監督官から悪質な事業者であると判断され、逮捕や書類送検をされる可能性があります。

● 是正勧告は増加傾向にある

　是正勧告は、労働基準法などの法律に違反していることを示すものですから、悪質な事業者による特殊な事例のように思われがちですが、そうとは限りません。しかも、就業規則などが整備されていない中小

企業だけでなく、株式市場に上場している大企業でも是正勧告を受けているのが実情です。

違反内容として多いのは、1日8時間、週40時間を原則とする労働時間を不当にオーバーする過重労働、時間外労働・深夜労働、休日出勤に対する割増賃金の未払い、健康診断の不実施に関する事項です。

また、派遣労働者との契約を一方的に打ち切る「派遣切り」や、契約上は業務請負や業務委託などの形式をとっているものの、業務の実態は雇用であるといういわゆる「偽装請負」に関するケースもあるようです。偽装請負を行う企業には次のような事情があるといわれています。

・事業主にとって大きな負担となる人件費を抑えるため、本来必要な労働者までリストラし、その分の仕事を残った従業員に負担させることによって長時間労働が常態化した。
・仕事の単価が下がっているため、長時間労働させても割増賃金を払えない。
・必要なときだけ労働力を使え、社会保険などの経費がかからない派遣をうまく利用してコストを削減したい。

事業主にしてみれば、経営を持続させるため、やむなくこのような形をとっているわけですが、事情はどうあれ法律違反であることには変わりなく、労基署からの調査を受ければ是正勧告が出てしまうということになるわけです。

● 悪質な場合とは

労働基準法などに違反している場合、労働基準監督官は事業主を逮捕したり、書類送検するといったことができる権限を持っているわけですが、一度の調査で法律違反が発覚したからといって、すぐに逮捕・書類送検ということになるかというと、そんなことはありません。通常は是正勧告を行い、状況が改善されればそれでよいという形で対処されます。労働基準監督署の目的は、あくまで労働者の働く環境を

よくすることであり、事業主や事業所に罰を下したり、経営できなくなるような状況に追い込むことではないからです。

ただし、何度も是正勧告をしているにもかかわらず是正報告を出さなかったり、出頭命令に応じない、是正したように装って虚偽の報告を出すなど、「重大」「悪質」な違反があると認められる場合には、労働基準監督署は容赦なく書類送検などを行います。近年、書類送検された事例などをいくつか紹介します。

① **労働者に違法な時間外労働を行わせた上、労働基準監督官に虚偽の報告をしたため送検されたケース**

時間外労働を行わせる場合、労働組合など労働者の代表と時間外労働協定（三六協定）を締結し、労働基準監督署に届け出なければならないが、代表ではない労働者と協定を締結し、労働者に時間外労働を行わせていた。また、労働基準監督官の臨検を受けた際、虚偽の内容を記載した運転日報などを提示していた。

② **是正勧告後も三六協定を超える時間外労働を労働者に行わせていた結果、新入社員が過労自殺をしたため臨検監督を受けたケース**

社員に対して三六協定を超える時間外労働をさせているとして労働基準監督署から是正勧告（135ページ）を複数回受けていたが、その後も労働時間の改善は見られず、長時間労働を強いられていた女性新入社員が過労自殺をした。自殺直前の時間外労働は1か月当たり100時間を超えていたという。過去にも慢性的な長時間労働が原因となって過労自殺した社員が複数人いるなど、三六協定を超える長時間労働が会社全体で常態化している疑いが高いと判断され、会社の本社や支社だけでなく、その子会社に対しても臨検監督（123ページ）が実施されるという異例の措置がなされた。

③ **割増賃金などを支払わなかったため是正勧告したが、支払わなかったため送検されたケース**

数年前からサービス残業をさせていたため、労働基準監督署が是正

勧告していたが、タイムカードを改ざんして改善したように見せかける報告をしていたことが判明した。その間、支払うべき割増賃金も支払っていなかった。

④ 割増賃金の不払いを隠ぺいすることに加担した社会保険労務士が送検されたケース

三六協定を締結しないままパートに長時間労働させ、過労死を発生させた事業所の顧問をしていた社会保険労務士が、臨検などの際に割増賃金の不払いを隠ぺいすることを目的として関係書類の一部を提出しなかったことが判明した。

⑤ 事業主側は時間外賃金を支払っていると主張したが認められず、送検されたケース

労働者側から時間外労働の割増賃金を支払っていないことが申告されたが、事業主側は「月額４万円程度の職能手当が時間外賃金の性格を持つ」と主張。労働局はその分を差し引いても不足すると判断した。

■ 労働基準監督署が行う調査・指導の流れ

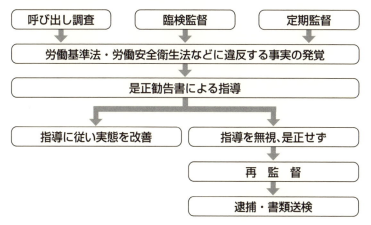

資料　定期監督の通知文サンプル

株式会社東西商事　　　　　　　　　　　　　　平成28年10月1日
事業主　殿

　　　　　　　　　　　　　　東京労働基準監督署長　安全　一郎　㊞

労働条件に関する調査について

　拝啓　仲秋の候　貴社ますますご清栄のこととお慶び申し上げます。
さて、私ども東京労働基準監督署は、労働時間、休日出勤の状況、及び時間外労働に対する割増賃金の支払等、貴社の雇用管理についての調査を行いたいと考えております。お忙しい中、お手数おかけして申し訳ございませんが、下記の事項にしたがいご来署いただけますようよろしくお願い申し上げます。　　　　　　敬具

記

1　日時　平成28年10月26日　13時30分（所要時間約1時間）
2　場所　中央区〇〇×－×－×　合同庁舎3階
　　　　　東京労働基準監督署　会議室
3　持参していただくもの
　（1）労働者名簿
　（2）就業規則
　（3）タイムカードまたは出退勤時刻の確認できるもの
　（4）賃金台帳（平成28年7月分～9月分）
　（5）時間外・休日労働に関する協定届
　（6）年次有給休暇管理簿
　（7）定期健康診断結果個人票
　（8）労働条件通知書
　（9）その他、労務管理上の記録となるもの
　（10）本状及び来所者の認印
4　調査内容の概要
　労働基準法、労働安全衛生法、最低賃金法に基づき、上記資料を調査します。
5　やむを得ない事情で上記の日時に来署できない場合、また、持参資料その他の事項について不明な点がございましたら、当署宛（TEL 03－〇〇〇〇－〇〇〇〇）にご連絡ください。

　　　　　　　　　　　　　　　　　　　　　　　　　　　　　　　以上

資料　労働基準法違反申告書サンプル

労働基準法違反申告書

平成28年12月2日

東京労働基準監督署長　殿

労働基準法第104条第1項に基づき、次の通り申告します。

申告者
　　　住所　〒000-0000　大田区××○-○-○
　　　氏名　鈴木　正義　　㊞
　　　電話番号　03-○○○○-○○○○

違反者
　　　住所　〒000-0000　中央区××○-○-○
　　　名称　株式会社東西商事
　　　代表者　代表取締役　南川　次郎
　　　業種　小売業
　　　電話番号　03-○○○○-○○○○

申告者と違反者の関係
　　　入社　　　　　平成27年4月1日
　　　職務・職位　　パートタイマー

労働基準法違反の事実
労働基準法第39条第3項

違反内容
平成27年4月に入社以来、週5日、1日7時間勤務をしています。これまで一度もパートタイマーには年次有給休暇の取得を認めてもらえません。
平成28年9月30日で、勤続1年6か月になりますので、労働基準法の定めでは、平成27年10月に10日、平成28年10月に11日の年次有給休暇が付与されているはずです。しかし年次有給休暇の取得を申請しても、上司よりパートタイマーには年次有給休暇を認めていないということでした。

求める内容
上記違反の事実調査と違反に対する必要な権限行使をお願い申し上げます。

添付資料
就業規則、タイムカード、給与明細書、上司との対話記録、各写し

備考
申告の事実があったことは会社には知らせないでください。

資料　出頭通知書サンプル

株式会社東西商事　　　　　　　　　　　　　　　　　平成29年1月7日
代表取締役　南川　次郎　殿

　　　　　　　　　　　　　　　東京労働基準監督署長　安全　一郎　㊞

出　頭　通　知　書

　下記の要件につきお尋ねしたいことがありますので、指定する日時・場所に出頭されるよう労働基準法第104条の2により通知いたします。

記

1　要件　　　　パートタイマー労働者に対する年次有給休暇の付与について
2　日時　　　　平成29年1月24日　午後1時30分
3　場所　　　　中央区××○-○-○　合同庁舎3階
　　　　　　　　東京労働基準監督署　会議室
　　　　　　　　電話番号　03-○○○○-○○○○
4　担当官　　　調査　太郎　労働基準監督官
5　所要時間　　約1時間
6　携行品　　　本状、印鑑、就業規則（パートタイマーに適用されるもの）、賃金台帳、タイムカードまたは出退勤時刻の確認できるもの、その他、労務管理上の記録となるもの

（注）　諸事情により、やむを得ない理由で出頭できない場合、事前に担当官までご連絡いただけますようよろしくお願い申し上げます。

以上

3 申告監督について知っておこう

会社が労働基準法に違反していることを労働者が労基署に相談すること

● 申告行為とは

　労働者が会社に対して調査や指導などを行うように労働基準監督署に働きかけることを**申告**といいます。

　申告は、会社が残業代を支払わない場合や未払い賃金がある場合、長時間の残業を行っているような場合の他、不当解雇がなされた場合やその恐れがある場合に、よく行われているようです。

　賃金や残業時間などについて労働基準法違反と思われるようなケースが多く、最近は申告の件数も急増しています。

● どのような流れで申告が行われるのか

　サービス残業を強いられている場合や残業時間が長時間に及ぶ場合など、会社側が労働基準法に違反していると思われる状況にある労働者は、会社に改善を求めるために労働基準監督署に相談します。中には電話で「会社が違法行為を行っている」と伝える労働者もいますが、最終的には事実確認などをする必要がありますから、実際に労働基準監督署に訪れることになります。

　労働基準監督署に労働者が相談しに行くと、原則として労働基準監督官が対応します。そこで、労働者が会社に改善してほしい内容や実態などについて説明することになります。その際、事前に証拠を準備して持参する労働者もいます。

　労働者から話を聞いた担当者は、労働者とのやりとりから行政指導の必要があるかどうかを判断します。

● どのように申告監督をするのか

　労働者から相談を受けた労働基準監督署が調査の必要があると判断した場合には、会社に対して申告監督を行います。

　申告監督は、労働基準監督官が行う臨検の一種です。臨検には、定期監督、申告監督、再監督があります。

　このうち、定期監督は、行政方針に基づいて立てられた計画に基づいて行われる監督です。また、申告監督とは、労働者の申告を受けて対象となる会社に対して行う監督です。そして、定期監督や申告監督時の是正内容がきちんと行われたかどうかを確認するのが再監督です。

　申告監督の時には、申告内容に沿った事項について、重点的に調査を行いますが、それだけではなく、通常の定期監督の内容についても行います。そこで、違反の事実があると是正勧告がなされます。

■ 申告監督のしくみ

労働者
・在勤中の者
・退職した者

申告内容
・賃金の不払い
・サービス残業
・不当解雇
など

申告 → **労働基準監督署**

申告監督（調査）→ **会社**

4 是正勧告のしくみについて知っておこう

法律違反がある場合に是正勧告を受ける

● 是正勧告書や指導票が交付される

　労基署が申告監督や定期監督を実施した結果、会社に労働基準法などの法律違反の事実があった場合には、**是正勧告書**（137ページ）という書面が交付され、是正勧告がなされます。

　是正勧告書の交付を受けた会社は、是正勧告書に記載された違反事項について改善した上で、指定された期日までに是正報告書を提出しなければなりません。

　一方、会社の状況が法律違反とまではいかない状況であっても、労基署が改善する必要があると判断した場合には、**指導票**（138ページ）という書面が交付されます。

　指導票の交付を受けた場合も、是正勧告書の交付を受けた場合と同様に、会社は指導票に記載された内容について改善した上で指定された期日までに是正報告書を提出しなければなりません。

● 是正勧告書の内容と記載事項

　是正勧告書は、具体的な内容について定めた法律の条文に従ってリストアップされます。

　労働基準法などの具体的な法律の条項が「労働基準法第○条」といった形式で記載され、その条文に違反する具体的な内容を違反事項として記載されます。

　さらに、その違反事項の是正期日が記載されるので、是正勧告書を受け取った会社はその是正期日までに、違反事項をたださなければなりません。

違反事項には、時間外労働に関すること、割増賃金に関することなどの労働基準法に関することから、衛生管理者（213ページ）や産業医（215ページ）の選任などの労働安全衛生法に規定のある事項についてなどについて違反がある場合に記載されます。

● 指導票の内容と記載事項

　指導票には、是正勧告書のような違反事項はありませんが、改善すべき事項について、指導事項という欄が設けられ、具体的な内容が記載されます。

　指導票に記載された改善すべき内容についても、指導報告を提出する期日が記載されます。

　したがって、指導票が交付された企業は、指定された期日までに改善した内容を記載した報告書を提出しなければなりません。

■ 労働基準監督官からの指示

労働基準監督署

交付

会社

＜是正勧告書＞
事業所の労働基準法等の違反が判明した場合に交付される

＜指導票＞
法律違反にはあたらないが
改善する必要がある場合に交付される

＜施設設備の使用停止等命令書＞
労働安全衛生法違反があり、危険がある場合に交付される

資料　是正勧告書サンプル

是 正 勧 告 書

株式会社東西商事　　　　　　　　　　　　　　　　　平成28年10月26日
代表取締役　南川　次郎　殿

東京労働基準監督署
労働基準監督官　　調査　太郎　㊞

　貴事業場における下記労働基準法第15条、第32条、第37条、第89条、労働安全衛生法第12条、第66条違反については、それぞれ所定期日までに是正の上、遅滞なく報告するよう勧告します。

　また、「法条項等」欄に□印を付した事項については、同種違反の繰り返しを防止するための点検責任者を事項ごとに指名し、確実に点検補修を行うよう措置し、当該措置を行った場合にはその旨を報告してください。

記

法条項	違 反 事 項	是正期日
労働基準法第15条	労働契約の締結に際し、労働条件を書面で交付していないこと	今後
労働基準法第32条	時間外労働に関する協定の締結がないにも関わらず、労働者に1日8時間を超えて労働を行わせていること	即時
労働基準法第37条	①9月30日までの時間外労働に対し、2割5分以上の率で計算した割増賃金を支払っていないこと	H.28.11.30
	②管理監督者に対して、深夜割増賃金を支払っていないこと	
	（上記割増賃金の不足分については、平成27年10月1日に遡及して支払うこと）	
労働基準法第89条	常時10人以上の労働者を使用しているにもかかわらず、就業規則の作成・届出をしていないこと	H.28.11.30
労働安全衛生法第12条	常時50人以上の労働者を使用しているにもかかわらず、衛生管理者を選任していないこと	H.28.11.30
労働安全衛生法第66条	労働者に対し、1年以内ごとに一回、定期健康診断を行っていないこと	H.28.11.30
		以上
受領年月日 受領者職氏名	平成28年10月26日 　　　　総務部長　北海　一男　㊞	（1）枚のうち（1）枚目

資料　指導票サンプル

指　導　票

平成28年10月26日

株式会社東西商事
代表取締役　南川　次郎　殿

東京労働基準監督署
労働基準監督官　調査　太郎　㊞

　貴事業所における、下記の事項につき、指導内容にしたがい改善措置を講じていただくよう要請いたします。改善状況については、平成28年11月25日までに当署に報告してください。

指導事項
1　時間外・休日労働が月100時間を超える場合又は2～6月平均で月80時間を超える場合には、業務と脳・心臓疾患の発症との因果関係が強いと判断されること、また時間外・休日労働が月45時間を超えて長くなるほど健康障害のリスクが徐々に高まりますので、産業医面談を実施するなど社員の健康管理にかかる措置を適切に講じてください。
2　労働者の年次有給休暇の取得状況を示す記録を作成していないようですので、年次有給休暇の付与日数、取得状況、残日数などを、労働者ごとに、適正に記載する記録・管理簿等を作成してください。また、年次有給休暇を取得するための申請方法を明確にして、労働者に周知させてください。

受領年月日 受領者職氏名	平成28年10月26日 　　　　　　　　　総務部長　北海　一男　㊞

5 是正勧告にはどのように対応すればよいのか

違反事項を期日までに改善できない場合にはその旨を伝える

● 是正勧告を受けるとどうなるのか

　調査の結果、是正勧告を受けると、是正勧告書（137ページ）が交付されます。是正勧告を受けた会社は、是正勧告書に記載された違反事項を改めなければなりません。

　違反事項に記載されている内容を改めたら、そのことを是正報告書に記載した上で、是正勧告書に記載された期日までに労働基準監督署に提出します。

　是正報告書には、是正勧告書に記載された違反事項について、それぞれどう改善したのかを改善完了日とともに具体的に記載します。

　是正報告書には、会社の名称・所在地・代表取締役の氏名を記名し押印した上で、労働基準監督署に提出します。

　報告書は、事前に連絡を入れた上で持参するようにしましょう。また、郵送でも受け付けてくれる場合もあるので、郵送したい場合には、連絡を入れた際に可能かどうかを問い合わせてみるとよいでしょう。

● 是正が間に合わないこともある

　是正勧告を受けた場合、会社としては当然指摘された内容について改善しなければなりません。

　しかし、違反事項が多数ある場合や、会社の管理が不適切だったためにすぐに是正勧告の内容通りに改善することができない場合もあります。

　具体的には、法律上義務づけられている書類を作成していなかった場合や、社員の出退勤の記録が全くなかった場合や時間外労働・休日

労働の割増賃金を再計算しなければならなくなったような場合です。いずれも社員ごとに作成しなければなりませんから、すぐに改善できない場合が多いでしょう。

また、労働基準法だけでなく、労働安全衛生法の規定に違反しているようなケースでは、たとえば産業医や衛生管理者を選任しなければならない場合もあります。このようなケースでは、すぐに適任者を見つけることができない場合もあるでしょう。産業医の場合には、適任者を社外から探し出して契約を結ばなければなりませんし、衛生管理者の場合には社内にその資格を持っている人がいなければ、資格を有する人を雇用するか、社員がこの資格をとらなければなりません。いずれにしても、すぐに対応しにくい是正内容だといえます。

● 報告書の提出が遅れたときは

労働基準監督署が指定した期日までに改善できない場合に、そのまま何も言わずに期日に遅れたままでいると、罰則が適用されたり、書類送検されてしまう可能性もあります。会社としては、こうした不利益を受けないように改善を急ぐ必要があります。しかし、だからと言って、改善できていないのに「改善した」という虚偽の報告をすることは避けなければなりません。

是正勧告に記載された期日までに、改善を終えることができないことが明確になったら、その期日になる前に、担当の労働基準監督官にその旨を申し出るようにしましょう。その際、ただ遅れると伝えるのではなく、「○月○日までには○○を改善し、○月×日までには××の改善を終えます」などと、具体的な理由と対応にかかる日数や時間を示すとよいでしょう。

このように、改善する意思と具体的な方法を述べた上で期限の延長を願いでれば、「改善する意思がない」「悪質だ」などと判断されることはないでしょう。

具体的には、報告書を提出するまでの間に、逐一進捗状況を伝えて、会社が誠実に対応していることを理解してもらうようにします。

● 書類送検されるとどうなる

是正勧告を受けたにもかかわらず、会社側が何の対応もしていない場合、「悪質である」と判断されてしまうおそれがあります。

たとえば、労働者に支払う賃金を何か月も支払っていなかったような場合です。この未払い分については、当然支払わなければなりませんが、未払いの給料の額が多くなると、会社としてもすぐに支払えないことがあります。

このように場合に、「支払えないから」とそのままにしていたところ、労働基準監督署が悪質だと判断し、書類送検されてしまう場合があります。

■ 期日までに間に合わない場合の対処法

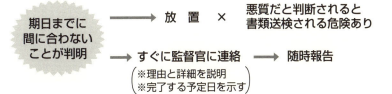

■ 書類送検された場合のデメリット

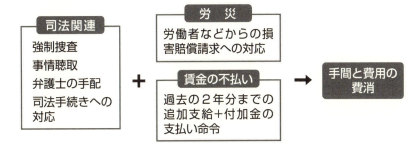

書類送検されると、会社にはさまざまな悪影響が出てきます。書類送検されるということは検察や裁判所への対応が必要となる、ということです。したがって、顧問弁護士などがいない場合には、弁護士を探した上で、対応しなければなりません。
　業種や地方によっては書類送検された、という事実によって入札することができなくなる場合もあります。
　また、労災事故や賃金の未払いが原因で書類送検されたような場合には、「書類送検された」という事実が相手方の労働者や労働者の家族や遺族をより強力に動かすことになります。具体的には、労働者とその家族が会社に対して慰謝料を請求する可能性が高くなります。こちらも争うことになればやはり司法の場で対応しなければならなくなります。いずれにしても、会社としては、時間も費用もかかる上に、社会的にも悪影響を受けることになります。

● 是正に従わないときは

　書類送検をされるような悪質なケースと判断されるのは、次のようなケースに該当した場合です。
・労働基準法や労働安全衛生法などの法律違反が重大なものであること
・違反事項についての改善が見られない場合
・違反事項がきわめて悪質な場合
・会社が社会的な責任を放棄しているような場合で、司法処分にする必要があるほどの違反事項がある場合

書式　是正報告書

是　正　報　告　書

平成28年11月29日

東京労働基準監督署長　殿

　　　　　　　　　　　　　事業の名称　株式会社東西商事
　　　　　　　　　　　　　所在地　中央区中央１－１－１
　　　　　　　　　　　　　使用者職氏名　代表取締役　南川　次郎　㊞

　平成28年10月26日貴署　調査　太郎　監督官、~~技官~~の臨検、検査の際~~使用停止等命令書~~、是正勧告書、指導票によって是正改善指示された事項について、下記のとおり改善しましたのでご報告いたします。

記

違反法条項等 指導事項番号	是正内容	是正年月日
労働基準法第15条	11月１日付以降入社者より「労働条件通知書」を交付しました。	11月１日 是正済
労働基準法第32条	三六協定を作成のうえ、届出しました。	11月10日届出 是正済
労働基準法第37条①	時間外労働に対する割増賃金については、平成27年10月分から平成28年９月分まで再計算し、平成28年11月25日に支払いました。	11月25日支払 是正済
労働基準法第37条②	管理監督者に対する深夜労働割増賃金は、平成27年10月分から平成28年９月分まで再計算し、平成28年11月25日に支払いました。	11月25日支払 是正済
労働基準法第89条	就業規則を作成し、平成28年11月10日に届け出ました。	11月10日届出 是正済
労働安全衛生法第12条	衛生管理者の選任報告書を平成28年11月10日に届け出ました。	11月10日届出 是正済
労働安全衛生法第66条	平成28年11月15日に全社員一斉に定期健康診断を実施しました。	11月15日実施 是正済

以上

労基法違反の罰則について知っておこう

罰金や懲役刑の対象になる

● 6か月以下の懲役が科される可能性もある

労働基準法は労働条件の最低基準を定めている法律です。そのため、使用者が労働基準法で定められている労働時間のルールに違反して労働者を働かせると、事業主には罰則が科せられます（次ページ）。

労働基準法で最も重い罰則が科されるのは、使用者が、暴行、脅迫、監禁その他精神または身体の自由を不当に拘束する手段によって、労働者の意思に反して労働を強制する場合です（労働基準法5条）。いわゆる強制労働ですが、労働者に強制労働をさせた場合には、1年以上10年以下の懲役、または20万円以上300万円以下の罰金が科されます。時間外労働については、たとえば、労使間で時間外労働について定めた労使協定がないにもかかわらず、法定労働時間を超えて労働させた場合には、6か月以下の懲役または30万円以下の罰金が科されます。また、変形労働時間についての労使協定の届出をしなかった場合には、30万円以下の罰金が科されます。

● 違法な労働を命じた管理職だけでなく、会社も罰せられる

たとえば、時間外労働を命じる権限を持っているとされる部長が労働基準法に違反する残業を自分の部下に命じて行わせた場合、その部長は、実行行為者としての責任を追及されることになります。これを行為者罰といいます。

通常、罰則は、行為者自身にしか科さないのが原則ですが、労働基準法では、一定の場合について、違法行為をした行為者以外に事業主についても罰金刑を科すとしています（会社は生身の人間ではないの

■ 主な労働基準法の罰則

1年以上10年以下の懲役又は20万円以上300万円以下の罰金	
強制労働をさせた場合（5条違反）	労働者の意思に反して強制的に労働させた場合
1年以下の懲役又は50万円以下の罰金	
中間搾取した場合（6条違反）	いわゆる賃金ピンハネ
児童を使用した場合（56条違反）	児童とは中学生までをいいます
6か月以下の懲役又は30万円以下の罰金	
均等待遇をしない場合（3条違反）	国籍・信条・社会的身分など
賃金で男女差別した場合（4条違反）	
公民権の行使を拒んだ場合（7条違反）	選挙権等が該当します
損害賠償額を予定する契約をした場合（16条違反）	賠償自体は問題ない
前借金契約をした場合（17条違反）	身分拘束の禁止
強制貯蓄させた場合（18条1項違反）	足留め策の禁止
解雇制限期間中に解雇した場合（19条違反）	産前産後の休業または業務上事故の療養中及びその後30日間
予告解雇しなかった場合（20条違反）	即時解雇の禁止
法定労働時間を守らない場合（32条違反）	残業には三六協定が必要
法定休憩を与えない場合（34条違反）	途中に一斉に自由に
法定休日を与えない場合（35条違反）	所定と法定の休日は異なる
割増賃金を支払わない場合（37条違反）	三六協定の提出と未払いは別
法定の年次有給休暇を与えない場合（39条違反）	
年少者に深夜業をさせた場合（61条違反）	18歳未満の者
育児時間を与えなかった場合（67条違反）	1歳未満の子への授乳時間等のこと
災害補償をしなった場合（75～77、79、80条違反）	仕事中のけが等に対して会社は補償しなければならない
申告した労働者に不利益取扱をした場合（104条2項違反）	申告とは労働基準監督官などに相談すること
30万円以下の罰金	
労働条件明示義務違反	
法令規則の周知義務違反	

第4章 労基署調査のしくみ

で会社に懲役刑を科すことはできません)。このように違法行為をした行為者と事業主の両者に罰則を科すことを、**両罰規定**といいます。労働基準法違反行為をした者が、事業の労働者に関する事項について、事業主のために行為をした代理人、使用人その他の従業者である場合には、事業主に対しても労働基準法の罰金刑を科します。

ただし、事業主が違反の防止に必要な措置をした場合は、事業主には罰金刑は科されません。事業主が違反の事実を知りながら、その防止に必要な措置を講じなかった場合や、違反行為を知りながら、その是正に必要な措置を講じなかった場合または違反を教唆した(そそのかした)場合には、事業主も行為者として罰せられます。

◉ 付加金の支払いを命じられることもある

付加金とは、労働基準法で定める賃金や手当を支払わない使用者に対して裁判所がそれらの賃金や手当とは別に支払いを命じる金銭のことです。裁判所は、休業手当、割増賃金、年次有給休暇手当、解雇予告手当を支払わなかった使用者に対し、労働者の請求によって未払金の他、これと同額の付加金の支払いを命ずることができます。付加金の金額は未払の金銭と同額であるため、平たく言えば、未払金銭の倍額を支払わなければならないことになります。

使用者の付加金支払義務が「いつ発生するのか」については、様々な考え方がありますが、付加金は、裁判所が支払いを命じることで初めて支払義務が発生するという考え方が有力のようです。そのため、法定の支払期限に所定の金額が全額支払われていなくても、その後に割増賃金や解雇予告手当などの全額が支払われれば、労働者は付加金請求の申立てをすることができませんし、裁判所も付加金の支払いを命じることはできないことになります。

また、付加金の請求権は、違反のあったときから2年で時効により消滅します。

Q 労使協定は届け出ないといけないのでしょうか。

A **労使協定**とは、事業場の過半数の労働者で組織される労働組合（そのような労働組合がない場合には労働者の過半数を代表する者）と、使用者との間で、書面によって締結される協定のことです。三六協定（121ページ）、変形労働時間制に関する協定、年次有給休暇の計画的付与に関する協定など、さまざまな労使協定がありますが、その多くが労働基準法を根拠とするものです。労使協定の締結により認められる内容が労働基準法には多くあります。

労使協定には、労働基準監督署への届出が義務化されている内容とそうではない内容があります。届出が義務化されている労使協定を届け出てない場合は、罰則の対象となります。罰則の内容については、三六協定など懲役刑が科される場合がありますが、変形労働時間制に関する協定など多くが「30万円以下の罰金」となっています。

■ 労使協定および労使委員会の決議が必要な事項

①貯蓄金の管理、②賃金の一部控除、③１か月単位の変形労働時間制、④フレックスタイム制、⑤１年単位の変形労働時間制、⑥１週間単位の非定型的変形労働時間制、⑦休憩時間の与え方に関する協定、⑧時間外・休日労働、⑨割増賃金の支払いに代えて付与する代替休暇、⑩事業場外労働のみなし労働時間制、⑪専門業務型裁量労働のみなし労働時間制、⑫時間単位の年次有給休暇の付与、⑬年次有給休暇の計画的付与制、⑭年次有給休暇に対する標準報酬日額による支払い、⑮企画業務型裁量労働のみなし労働時間制、⑯育児休業の適用除外、⑰介護休業の適用除外、⑱子の看護休暇の適用除外、⑲介護休暇の適用除外、⑳③から⑭までの協定に代わる労使委員会の決議を行う場合

※上表のうち、①貯蓄金の管理、③１か月単位の変形労働時間制、⑤１年単位の変形労働時間制、⑥１週間単位の非定型的変形労働時間制、⑧時間外・休日労働、⑩事業場外労働のみなし労働時間制、⑪専門業務型裁量労働のみなし労働時間制に関する労使協定については、締結だけでなく届出が義務づけられている

> **Q** 三六協定を届け出ていませんでした。発覚する可能性はあるのでしょうか。罰則なども科せられるのでしょうか。

三六協定は、事業所の所在地を管轄する労働基準監督署へ届出を行い、受理される時点ではじめて効力をもちます。したがって、そもそも作成していない場合や作成をしていたものの届出を行っていない場合などは、法律上における罰則対象に該当します。罰則の内容は、「6か月以下の懲役または30万円以下の罰金」です。労働者の時間外労働や休日労働に影響する重要な協定であるため、他の労使協定に比べると処罰が重い内容となっています。

ただし、前述した罰則は「三六協定を届け出ずに労働者に時間外労働・休日労働をさせた場合」に適用されます。したがって、そもそも雇用するすべての労働者に残業が全く発生しない事業所の場合は、罰則は科されません。ただし、1年のうち1時間でも残業が発生する場合は届出が義務となるため、違反した場合は罰則の対象となります。これは、届出を行わなかった理由がどのようなものであれ同じです。届出を忘れていた場合でも、労働基準監督署による調査で発覚した場合でも、罰則の内容は変わりません。

ただし、すでに提出済みの三六協定の有効期間が過ぎており、届出を忘れていた場合などは、新たに届出を行えば罰則を免れる可能性があります。ただし、遅延理由書など、提出が遅れた理由を記入しなければならない場合があるため注意が必要です。三六協定は過去に遡って締結することができない労使協定であるため、有効期間後に提出を行う場合は必ず提出後の日付で行う必要があります。

なお、三六協定の届出において最も深刻なケースが、届出を行っていない上に残業代を支払っていない場合です。この場合は、届出を行っていないことに対する罰則が科されることに加え、最大2年分の残業代の支払や遅延損害金の支払いを行わなければなりません。

第5章

社会保険調査のしくみ

1 年金事務所が行う社会保険の定時決定調査について知っておこう

社会保険の手続きが適正かどうかを判断するための調査である

● どんなことを調査されるのか

定時決定調査とは、日本年金機構が行う定期的な調査のことです。調査というと、ニュースやドラマの映像のように、複数の職員が事務所へぞろぞろと入っていき、大量の書類を段ボール箱に入れて運び去る、というイメージを抱いているかもしれませんが、定時決定調査に関してはそのようなことはありません。調査の対象とされた事業所が事業所の所在地を管轄する年金事務所へ出向いた上で行われることとなります。

調査のねらいは、事業所で行う社会保険の手続きが「適正か」を調べるためです。そのうち、特に念入りに調べられるのが、パートやアルバイトなどの非正規雇用者の社会保険加入状況です。

平成28年10月より、501人以上の従業員をもつ事業所では、短時間労働者の社会保険適用要件が緩和されました。少子高齢化などの影響もあり、社会保障に使用する財源が決定的に不足していることから、多様化している短時間勤務の労働者に社会保険へ加入してもらうことがこの改正の目的です。

国としては、とにかく社会保険へ加入し、保険料を集めなければなりません。本来社会保険に加入しなければならない、もしくは加入要件ギリギリの働き方をするパートやアルバイトが未加入の場合は、賃金台帳や給与明細書を確認の上、適正かどうかを判断することになります。

また、加入されている場合でも、標準報酬月額が実際に支給された給与に応じた内容かも確認されるため、注意が必要です。

● 出頭するように通知がきたらどうする

定時決定調査の対象となった場合、6月中旬に事業所所在地を管轄する年金事務所より書類が届きます。その中には、調査を実施する日時と持参する書類が記載されています。

9月以降の社会保険料を決定するための書類である算定基礎届の提出日が7月10日であるため、調査の日程は6月末〜7月初めの場合が多くあります。時間指定もされているものの、実際は出頭順に調査が行われるため、たとえば仕事の都合で指定された時間より早く行くというケースも認められます。

限られた日程内で必要書類をそろえる必要があるため、日頃からの社内体制の整備具合が問われるでしょう。社会保険労務士と顧問契約をしている場合は、早急に調査の日時と内容について伝え、協力を仰ぐべきです。

なお、指定された日時に出頭しなかった場合は、後日に年金事務所より電話がかかってくることがあります。それでも応じない場合は年金事務所の担当者が事務所へ出向くという事態にもなりかねないため、注意が必要です。単に用事で指定された日程に出頭するのが難しい場合は、書類に記載された年金事務所へ電話をして、変更の依頼をすることができます。

● どんな書類を用意し、出向けばよいのか

調査の際に必要となる書類は、事業主宛に届いた「定時決定調査のご案内」という通知書に記されています。

具体的には、以下の書類が必要となるため、用意しなければなりません。
① 算定基礎届（従業員ごとの社会保険料を決定するための書類）
② 厚生年金保険70歳以上被用者算定基礎届（対象者がいる場合のみ）
③ 算定基礎届総括表（従業員数・賃金支払状況を記す書類）

④ 算定基礎届総括表附表（雇用に関する調査票）
⑤ 賃金台帳、出勤簿（タイムカードも可）
⑥ 源泉所得税領収証書（前年7月以降のもの）
⑦ 提出済の社会保険にまつわる適用関係諸届（本年5月以降に提出された資格取得届・喪失届・月額変更届など）
⑧ 事業主印（持ち出せない場合は不要）

　上記のうち、①～④の書類は、通常であれ7月10日までの提出が必要な書類です。そして、⑤～⑧は、定時決定調査のために必要になります。

● 年金事務所は調査当日にどんな点をチェックするのか

　調査の当日には、年金事務所側は持参した書類をもとに、社会保険の加入状況について一つずつ調べていきます。

　重視されるポイントとしては、まずは社会保険に加入している者の人数です。前述⑥の源泉所得税領収証書に記された従業員数をもとに、そのうち何人の従業員が社会保険に加入しているかを調査します。特にパート・アルバイトなどの非正規雇用者の加入状況は一人ずつ念入りに調べ、加入していない者に対してはそれが適正かを検証します。

　次に、社会保険加入者の等級が正しいかを調べます。昇給や各種手当に応じた標準報酬月額が定められているか、または通勤費、時間外労働手当が反映されているか、報酬変更時に正しい手続きがされているかを順に確認していきます。

　なお、源泉所得税領収証書には実際に支払った社会保険料の金額も記載されているため、帳簿との差がないか、金額が適正かを同時にチェックされることになります。

　また、新入社員の社会保険加入日についても重要なポイントです。よく、試用期間中の従業員を社会保険に加入させていない事業所がありますが、試用期間中も社会保険への加入要件を満たす働き方をさせ

資料　定時決定（算定）時調査のご案内

32

平成 ○ 年6月

事 業 主 様

○○年金事務所長

定時決定（算定）時調査のご案内

事業主の皆様には、日頃から社会保険事務の運営にご協力いただき、厚くお礼申し上げます。

さて、毎年7月は、算定基礎届を提出していただくこととなりますが、厚生年金保険の適用の適正化を図るため数年に一度会場にお越しいただき算定基礎届や賃金台帳等を確認する定時決定時調査を行っております。

貴事業所の本年度の提出につきましては、誠に勝手ながら会場にお越しいただき算定基礎届や賃金台帳等を確認させていただくことになりました。

ご多忙中大変恐縮ではございますが、下記日程にお越しいただきますようお願いいたします。

なお、当日は会場の状況によりお待ちいただく場合もありますのであらかじめご了承ください。

■　算定基礎届提出日（指定の日に提出できないときは、当所適用調査課までご連絡ください）
　　来所いただけない場合は、後日、来所または訪問による調査を改めて実施することとなります。

平成 ○ 年 7 月 1 日　　午前 10 時 45 分

■　提出場所　裏面をご覧ください。

■　算定基礎届を「提出用紙」により提出される場合
　　算定基礎届等を記入のうえ、提出日に以下のものを必ずご持参ください。
　　※　健康保険組合に加入している事業主様につきましても、厚生年金保険分の算定基礎届等は健康保険組合へ提出せず、会場へお越しいただき定時決定時調査の際に提出してください。

【提出日にご持参いただくもの】
1、算定基礎届
2、厚生年金保険70歳以上被用者算定基礎届（対象者がいる場合）
3、算定基礎届総括表
4、算定基礎届総括表附表（雇用に関する調査票）
5、賃金台帳、出勤簿等（平成 ○ 年7月以降分）
6、源泉所得税領収証書（平成 ○ 年7月以降分（納期の特例適用を受けている場合は直近のもの））
7、平成 ○ 年5月10日以降提出済の適用関係諸届（資格取得届、資格喪失届、月額変更届など）の決定通知書（写しでも可）
8、事業主印（お持ちいただける場合）
※お願い：算定基礎届は被保険者番号順に提出していただけますようご協力お願いいたします。

注：会場にお越しいただく際には、必ずこの通知をご持参下さい。

ている場合は、当然ながら社会保険への加入が必要です。また、試用期間のみを対象とした雇用契約を締結する場合もありますが、これも試用期間後に本採用として契約を更新することになっている場合は、試用期間中も社会保険への加入を要します。

● 会社としてはどんな対策や準備をすべきか

　定時決定調査は、社会保険に加入している事業所に対して数年に一度行われるものです。調査目的から判断するに、たとえば工場を抱える製造業や飲食などのサービス業など、比較的非正規雇用者が多い業種が狙われやすいと言われています。また、介護職など比較的高齢の従業員が多い場合や外国人労働者を雇う場合なども要注意です。

　ただし、現在ではどの事業所に関してもそれほど差はなく、長くて5年に一度はこの調査が実施される流れになっています。今は大丈夫でも、将来において対象となることは十分にあり得ます。

　そのためには、今のうちから対策を取っておかなければなりません。いつ調査が入っても問題がない状態にする必要があります。

　具体的には、まずは勤怠や給与計算の業務をマニュアル化し、パートやアルバイト、日雇い労働者などを含むすべての従業員に対して徹底することです。

　社会保険に加入するか否かは、収入や労働時間、労働日数に左右されます。出勤簿やタイムカードを正しい時間で毎日つけるように心がけ、給与明細書や賃金台帳、源泉所得税領収証書の控え分とともに毎月必ず整理した上で保管を行います。法律で定められた期間は保管を続けるようにしましょう。また、従業員の労働時間について定めた就業規則や賃金規程の整備も必要です。パート・アルバイトの非正規雇用者に対し、正規社員と異なる形態で支払いを行っている場合は、別途専用の規程を作成しておかなければなりません。

2 労働保険や社会保険に加入していない事業所はどうすればよいのか

加入要件や手順を確認し、早急に加入する必要がある

● 加入が義務づけられているが未加入の事業所は沢山ある

　労働保険制度や社会保険制度では、適用要件を満たす事業所に対して、加入を義務づけています。しかし、中には未加入のままでいる事業所が存在することも事実です。

　我が国の9割以上が中小企業・零細企業といわれていますが、これらの小規模事業所の中には、加入手続きを取っていない場合が見られます。たとえば、労働保険・社会保険いずれも未加入、労働保険だけ加入、労働保険のみ加入で社会保険には未加入などのケースです。

　原因としては、まず労働保険や社会保険のしくみを理解していない場合があります。たとえば、加入意思があるものの、手続き方法がわからない、もしくは煩わしさから行っていないケースです。このような場合は、まずは最寄りの労働基準監督署や年金事務所に連絡を取り、手続きを行う場所や方法について尋ねてみましょう。

　さらに、保険料の支払いを避けるために、あえてこれらの保険に加入しないケースが見られます。言うまでもなく、加入すべき労働保険・社会保険に加入しない行為は違法となります。国側もこの事実を見逃さないよう、マイナンバー（法人番号）を活用して未加入の事業所を摘発していく動きが見られています。

● どんなペナルティを受けるのか

　社会保険への未加入が発覚した場合、まずは事業所の所在地を管轄する年金事務所より加入を促す連絡と、加入の際に必要となる手続き書類が郵送されます。ここで加入の手続きを行えば、まず問題はない

といえるでしょう。

しかし、それでも加入手続きに踏み切らない場合、厚生労働省に未加入の事実や経緯に対する通報が行われます。その上でさらなる指導が事業所に対して行われ、強制的に加入手続きがなされる場合があります。その際には、追徴金の支払や罰則が科される可能性もあります。

一方、労働保険の場合も、事業所の所在地を管轄する労働基準監督署より加入を促す連絡と、加入の際に必要となる手続書類が郵送されます。ここで加入指導に従わない場合は、罰則の対象となる可能性がありますが、それに加えて労働保険にまつわる給付を受ける際に大きな損失を被ります。たとえば、労災保険に未加入の状態で労災事故が発生した場合、通常であれば国から受けることができる給付金を事業所が肩代わりする可能性があります。また、退職者が失業の際の給付を受けるために雇用保険の未加入の事実を訴え出る恐れもあります。

労働保険にしろ、社会保険にしろ、加入することによるメリットが多々あります。加入の義務がある場合は、早急に加入するべきであるといえるでしょう。

● これから加入する場合にはどんな手続きをするのか

労働保険や社会保険への未加入の事実が発覚した場合、新規加入の手続きを行います。新規加入の手続き方法については労働保険、社会保険ともに通常の場合と同じ手順となりますが、未加入であった期間の保険料をさかのぼって支払わなければなりません。未加入期間は最大2年で計算され、追徴金として徴収が行われます。

さらに、加入に対する督促状の期限内に加入手続きを行わなかった場合や立入調査に対して非協力的であった場合は、社会保険の場合は6か月以下の徴収または50万円以下、雇用保険の場合は6か月以上の徴収または30万円以下の罰金が科される可能性があるため、注意が必要です。

3 社会保険・労働保険に加入する場合どんな書式を提出するのか

年金事務所や税務署などに提出する書類を作成する

● 未加入発覚後の雇用保険・労災保険手続き

　調査により必要であった加入手続きが発覚した場合は、早急に労災保険の加入手続きと雇用保険関係の届出を行わなければなりません。ただし、起業時は社長1人だけの場合は加入の必要はなく、そもそも調査で指摘されることはありません。しかし、その後従業員を雇用した場合は労働保険への加入手続きが必要になるため、注意が必要です。

書式　労働保険の保険関係成立届（160ページ）

　正規・非正規問わず、労働者を採用している場合は必ず労働保険に加入しなければならず、これを労働保険関係の成立といいます。

　労働保険には労災保険と雇用保険の2つがあり、原則として両保険同時に加入しなければなりません（一元適用事業）。しかし、建設業を初めとするいくつかの事業は、現場で働いている人と会社で働いている人が異なる場合があるため、労災保険と雇用保険が別々に成立する二元適用事業とされています。

　必要になる書類は、まず会社の設立時、または労働者の雇用時に提出が必要となる「保険関係成立届」で、これを管轄の労働基準監督署へ届け出ます。支店で労働者を雇用している場合は、支店についての保険関係成立届も必要です。会社など法人の場合には登記事項証明書、個人の場合には事業主の住民票の写しを添付書類として提出します。

書式　雇用保険適用事業所設置届（161ページ）

　労働保険関係の成立と同じく、労働者を採用している場合、業種や事業規模に関係なく雇用保険への加入が必要です。ただし、5人未満の個人事業（農林水産・畜産・養蚕の事業）に限り任意加入です。

手続きの手順としては、まず、雇用保険の加入該当者を雇用した場合に提出が必要となる「雇用保険適用事業所設置届」を管轄公共職業安定所に届け出ます。添付書類は以下の通りです。
・労働保険関係成立届の控えと雇用保険被保険者資格取得届
・会社などの法人の場合には法人登記簿謄本
・個人の場合には事業主の住民票または開業に関する届出書類
・賃金台帳・労働者名簿・出勤簿等の雇用の事実が確認できる書類

書式　雇用保険被保険者資格取得届（162ページ）

雇用保険適用事業所設置届の提出後は、加入対象となる労働者分の雇用保険の加入手続きを行います。パート・アルバイトなどの正社員以外の非正規雇用者であっても、以下の場合には被保険者となります。
①　1週間の所定労働時間が20時間以上であり、31日以上雇用される見込みがあるパートタイマー（一般被保険者）
②　4か月を超えて季節的に雇用される者（短期雇用特例被保険者）
③　30日以内の期間を定めて日々雇用される者（日雇労働被保険者）

なお、65歳に達した日以後新たに採用される者は被保険者にはなりません。また、個人事業主、会社など法人の社長は雇用保険の被保険者にはなりませんが、代表者以外の取締役については、部長などの従業員としての身分があり、労働者としての賃金が支給されていると認められれば、被保険者となる場合があります。

資格取得届を提出する場合、原則として添付書類は不要です。ただし、未加入発覚後に届出をする場合には、①労働者名簿、出勤簿（またはタイムカード）、賃金台帳、労働条件通知書（パートタイマー）等の雇用の事実と雇入日が確認できる書類、②雇用保険適用事業所台帳の添付が求められるケースがあります。

● 被保険者を雇用したときの社会保険の手続き

社会保険（健康保険・厚生年金保険）の場合は雇用保険とは異なり、

労働者が1人もいない場合であっても（社長1人だけの会社であっても）、会社設立の時点で加入をしなければなりません。

書式　新規適用届（163ページ）

　社会保険の加入手続きをする場合、事業所の所在地を管轄する年金事務所（東京都品川区の場合、品川年金事務所）に「健康保険厚生年金保険新規適用届」「保険料納入告知書送付依頼書（口座振替依頼書）」を提出します。

　なお、支店を設置している場合「適用事業所設置届」が必要です。添付書類は、①法人事業所の場合は登記事項証明書、②強制適用となる個人事業所の場合は事業主の世帯全員の住民票（コピー不可）です。

書式　健康保険厚生年金保険被保険者資格取得届（165ページ）

　労働者を採用しており、その労働者が社会保険の加入要件に該当する場合は、資格取得の手続きを行わなければなりません。会社などの法人の役員・代表者の場合でも、社会保険では「会社に使用される人」として被保険者になります。ただし、個人事業主は「使用される人」ではないとされ、加入要件には該当しません。また、ⓐ日雇労働者、ⓑ2か月以内の期間を定めて使用される者、ⓒ4か月以内の季節的業務に使用される者、ⓓ臨時的事業の事業所に使用される者、ⓔパート・アルバイト（目安は1日・1週間の所定労働時間または1か月の所定労働日数が正社員の4分の3未満）は、被保険者にはなりません。なお、平成28年10月以降に501人以上の労働者を雇用する事業所の場合は、ⓕ1週間の所定労働時間が20時間以上、ⓖ月額賃金88,000円以上、ⓗ1年以上の継続雇用見込みがある場合は、パート・アルバイトでも社会保険が適用されます。

　手続きとしては「健康保険厚生年金保険被保険者資格取得届」を、事業所を管轄する年金事務所に届け出ます。添付書類は、①健康保険被扶養者（異動）届（被扶養者がいる場合）、②定年再雇用の場合は就業規則、事業主の証明書などです。

書式 労働保険の保険関係成立届

書式　雇用保険適用事業所設置届

雇用保険適用事業所設置届

※事業所番号

下記のとおり届けます。
公共職業安定所長　殿
平成 28 年 7 月 5 日

（必ず第2面の注意事項を読んでから記載してください。）

- 帳票種別：12001
- 1. 法人番号（個人事業の場合は記入不要です。）：9876543210987
- 2. 事業所の名称（カタカナ）：カブシキガイシャ
- 事業所の名称〔続き（カタカナ）〕：ミドリショウカイ
- 3. 事業所の名称（漢字）：株式会社
- 事業所の名称〔続き（漢字）〕：緑商会
- 4. 郵便番号：141-0000
- 5. 事業所の所在地（漢字）※市・区・郡及び町村名：品川区五反田
- 事業所の所在地（漢字）※丁目・番地：1-2-3
- 事業所の所在地（漢字）※ビル、マンション名等：
- 6. 事業所の電話番号（項目ごとにそれぞれ左詰めで記入してください。）：03-3321-1123
- 7. 設置年月日：4-280701（3 昭和 4 平成）
- 8. 労働保険番号：13109654321000

※公共職業安定所記載欄
- 9. 設置区分：（3 当然 4 任意）
- 10. 事業所区分：（1 個別 2 委託）
- 11. 産業分類：
- 12. 台帳保存区分：（1 日雇被保険者のみの事業所 2 船舶所有者）

13. 事業主	（フリガナ）	シナガワクゴタンダ	17. 常時使用労働者数		10 人
	住所（法人のときは主たる事務所の所在地）	品川区五反田1-2-3	18. 雇用保険被保険者数	一般	9 人
	（フリガナ）	カブシキガイシャ　ミドリショウカイ		日雇	0 人
	名称	株式会社　緑商会	19. 賃金支払関係	賃金締切日	末日
	（フリガナ）	ダイヒョウトリシマリヤク　スズキ　タロウ		賃金支払日	当・翌月 25 日
	氏名（法人のときは代表者の氏名）	代表取締役　鈴木　太郎　印	20. 雇用保険担当課名	総務　課 労務　係
14. 事業の概要（漁業の場合は漁船の総トン数を記入すること）		衣料品の小売業	21. 社会保険加入状況	健康保険 厚生年金保険 労災保険
15. 事業の開始年月日	平成 28 年 7 月 1 日	※ 16. 事業の廃止年月日　平成　年　月　日		

備考

※所長　次長　課長　係長　係　操作者

（この届出は、事業所を設置した日の翌日から起算して10日以内に提出してください。）

2016. 1

第5章　社会保険調査のしくみ

書式　雇用保険被保険者資格取得届

様式第2号

雇用保険被保険者資格取得届

標準字体 0 1 2 3 4 5 6 7 8 9
（必ず第2面の注意事項を読んでから記載してください。）

帳票種別 1 4 1 0 1

1. 個人番号　1 2 3 4 5 6 7 8 9 0 1 2

2. 被保険者番号　3 4 1 2 - 3 4 5 6 7 8 - 9

3. 取得区分　1（1 新規／2 再取得）

4. 被保険者氏名　高橋 瞳　フリガナ（カタカナ）タカハシ ヒトミ

5. 変更後の氏名　フリガナ（カタカナ）

6. 性別　2（1 男／2 女）

7. 生年月日　3-580304（2 大正／3 昭和／4 平成）元号 年 月 日

8. 事業所番号　1306-789123-4

9. 被保険者となったことの原因　2
（1 新規雇用（新規学卒）／2 新規雇用（その他）／3 日雇からの切替／4 その他／5 出向元への復帰等（65歳以上））

10. 賃金（支払の態様・賃金月額：単位千円）　1 - 2 5 6（1 月給 2 週給 3 日給／4 時間給 5 その他）百万 十万 万 千円

11. 資格取得年月日　4-280701　元号 年 月 日

12. 雇用形態　3（1 日雇／2 派遣／3 パートタイム／4 有期契約労働者／5 季節的雇用／6 船員／7 その他）

13. 職種　03（01～11）第2面参照

14. 就職経路　1（1 安定所紹介／2 自己就職／3 民間紹介／4 把握していない）

15. 1週間の所定労働時間　3000 時間 分

16. 契約期間の定め　2（1 有 契約期間 平成 〜 年 月 日 から 年 月 日 まで／契約更新条項の有無（1 有／2 無）／2 無）

事業所名　株式会社 緑商会

備考

――― 17欄から22欄までは、被保険者が外国人の場合のみ記入してください。―――

17. 被保険者氏名（ローマ字）（アルファベット大文字で記入してください。）

被保険者氏名〔続き（ローマ字）〕

18. 国籍・地域（　）

19. 在留資格（　）

20. 在留期間　西暦 年 月 日 まで

21. 資格外活動許可の有無（1 有／2 無）

22. 派遣・請負就労区分（1 派遣・請負労働者として主として当該事業所以外で就労する場合／2 1に該当しない場合）

※公共職業安定所欄

23. 取得時被保険者種類（1 一般／2 短期常雇／3 季節／4 高年齢（任意加入）／5 出向元への復帰（65歳以上）／6 日雇／7 高年齢）

24. 番号複数取得チェック不要（チェック・リストが出力されたが、調査の結果、同一人でなかった場合は「1」を記入。）

25. 国籍・地域コード（18欄に対応するコードを記入）

26. 在留資格コード（19欄に対応するコードを記入）

雇用保険法施行規則第6条第1項の規定により上記のとおり届けます。

住所　品川区五反田1-2-3

事業主　氏名　株式会社 緑商会
　　　　　　　代表取締役 鈴木 太郎
電話番号　03-3321-1123

平成 28 年 7 月 5 日

記名押印又は署名　印

公共職業安定所長　殿

社会保険労務士記載欄（作成年月日・提出代行者・事務代理者の表示）
氏名　　　電話番号　　　印

※所長　次長　課長　係長　係　操作者

※備考

確認通知　平成　年　月　日

2016. 1

書式　新規適用届

健康保険　厚生年金保険　新規適用届

届書コード	1 1 0 1
①事業所整理記号	1 4 1 - 0 0 0 0
②適用年月日	平成 28 0 7 0 1
③業態区分	5 （協会けんぽ）
④事業の種類	衣料品の小売
強制・任意適用区分	強制
国等・法人区分	1
⑤事業所所在地（フリガナ：トウキョウトシナガワクゴタンダ）	東京都品川区五反田 1-2-3
⑥事業所名称（フリガナ：ミドリショウカイ）	株式会社　緑商会
事業所の電話番号	03-3321-1123
内線	—
事務担当者名（内線）	代表取締役　鈴木 太郎
⑩事業主（又は代表者）氏名（フリガナ：スズキ タロウ）	代表取締役　鈴木 太郎
事業主（又は代表者）の住所	東京都品川区五反田本町 2-2-2
現物・現金給与の種類	食事1・住宅2・被服3・その他5
賞与支払予定月	1回目 04　2回目　3回目　4回目
⑪昇給月	06 12
必要手続き（CD）必要事業会 電子媒体 用紙作成	
健康保険組合名	—
社会保険労務士コード	—
厚生年金基金番号	—
号数区分	—
法人等番号	—
個人・法人区分	1：法人　2：個人　3：国・地方公共団体
本店・支店区分	1：本店　2：支店
内国・外国区分	1：内国法人　2：外国法人
適用種別	0 代理人　1 有
健康保険組合	—

◎ 記入の方法は裏面に書いてありますのでよくお読みください。
◎「※」印欄は記入しないでください。

第5章　社会保険調査のしくみ

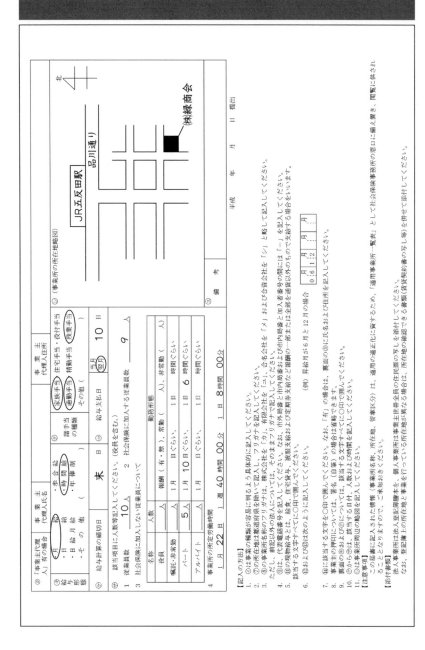

書式　健康保険厚生年金保険被保険者資格取得届

届書コード	処理区分	届書
2 0 0		

健康保険
厚生年金保険　**被保険者資格取得届**

事務センター長 所長	副事務センター長 副所長	グループ長 課長	担当者

①事業所整理記号	②事業所番号
品 ABC	123456

◎記入の方法は裏面に書いてありますのでご覧ください。
◎「※」印欄は記入しないでください。

③※被保険者整理番号	④被保険者の氏名	⑤生年月日	⑥種別(性別)	⑦取得区分	⑧基礎年金番号	⑨※作成原因	⑮資格取得年月日	⑦報酬月額（㋑通貨によるものの額／㋒現物によるものの額／㋓合計）	⑯※標準報酬月額	㋔被扶養者の有無	⑱※健康保険被保険者証の不要	⑲※強制付番指定	※年金手帳の不要
15	(フリガナ) イケガミ　ユキコ (氏) 池上　(名) 雪子	明.1 大.3 昭.⑤ 平.7　61 09 10	1 5 ② 6 3 7	㊪・共3 再2・船4	2117 500126	送信	平成 28 07 01	㋑180,000円 ㋒0円 ㋓180,000円	健 180 千円 年 180 千円	㊪・有			送信
	⑩郵便番号 135-0042 ※住所コード	⑪被保険者住所	(フリガナ) トウキョウ　コウトウク　キバ 東京　都道府㊗　江東区木場1-2-0						㋕備考				
	(フリガナ) (氏)　(名)	明.1 大.3 昭.5 平.7　年 月 日	1 5 2 6 3 7	新1・共3 再2・船4		送信	平成 年 月 日	㋑円 ㋒円 ㋓円	健 千円 年 千円	無・有			送信
	⑩郵便番号 - ※住所コード	⑪被保険者住所	(フリガナ) 都道府県						㋕備考				
	(フリガナ) (氏)　(名)	明.1 大.3 昭.5 平.7　年 月 日	1 5 2 6 3 7	新1・共3 再2・船4		送信	平成 年 月 日	㋑円 ㋒円 ㋓円	健 千円 年 千円	無・有			送信
	⑩郵便番号 - ※住所コード	⑪被保険者住所	(フリガナ) 都道府県						㋕備考				
	(フリガナ) (氏)　(名)	明.1 大.3 昭.5 平.7　年 月 日	1 5 2 6 3 7	新1・共3 再2・船4		送信	平成 年 月 日	㋑円 ㋒円 ㋓円	健 千円 年 千円	無・有			送信
	⑩郵便番号 - ※住所コード	⑪被保険者住所	(フリガナ) 都道府県						㋕備考				

平成28年 7月 5日 提出

事業所所在地	〒141-0000 東京都品川区五反田1-2-3
事業所名称	株式会社緑商会
事業主氏名	代表取締役　鈴木　太郎　㊞
電話	03（3321局）1123番

受付日付印

社会保険労務士の提出代行者印　㊞

Q 労災には加入しているが社会保険に加入していないという場合はどうなるのでしょうか。

　　労働保険の場合、労働者を一人でも雇用する事業所は加入をする義務があります。一方、社会保険の場合は、法人の事業所は労働者を雇用していない場合でも加入をしなければなりません。会社の設立をしていない個人事業所の場合でも、労働者を5人以上雇用する場合は、一部の業種を除いて加入する義務があります。

　したがって、労災には加入しているものの社会保険に加入をしていないことが認められる事業所は、労働者が5人に満たない個人事業所が挙げられます。我が国には9割以上の中小企業、零細企業があるため、労働保険のみ加入義務が生じる事業所は多く存在することが予想されます。そして、上記以外の事業所、たとえば法人の場合は5人以上の労働者がいるにもかかわらず社会保険に加入していない場合は社会保険に加入しなければなりません。加入していない場合は法律違反となり、罰則や罰金が必要になる可能性があります。

　罰則の内容は、健康保険法によると、事業主が社会保険にまつわる届出を正しく行っていない場合などに6か月以下の懲役または50万円以下の罰金が科されるとされています。また、本来であれば加入すべき期間を加入していなかったということで、過去に遡って社会保険加入対象者分の社会保険料の支払いをしなければなりません。期間は最長で2年間となり、さらに延滞金の支払も求められます。すでに退職している労働者であっても、2年以内に社会保険の加入対象者として働いている事実があれば、その労働者分の保険料も支払う必要があります。

　実際には、よほど悪質ではない限り過去の保険料の支払は求められない可能性がありますが、未加入事業所に対する対策強化の流れがあるため、決して加入義務を怠らないようにしなければなりません。

4 社会保険料逃れにならないようにするための手続きに注意しよう

社会保険料算定のしくみを理解し、適切な方法で支払いを行う

● 標準報酬のしくみを理解しておかないと社保調査で問題になる

　少子高齢化の影響により、社会福祉関係の予算は不足し続けています。そのため、社会保険料の未納問題に対する年金機構の対策は厳しくなり、調査数の増加や調査内容の詳細化が顕著になっています。

　このような調査で指摘を受けないためにも、各会社としては、正しく適正な方法で社会保険料を納める必要があります。そのためには、社会保険料のしくみを正しく理解しなければなりません。

　社会保険制度において覚えておかなければならない特徴のひとつに、標準報酬制度があります。これは、毎月の給料計算のたびに保険料を算出し、事務負担を増やすことを防ぐため、あらかじめ給料額を複数の等級に分類した「標準報酬月額」を用い、給料を該当する等級に当てはめて保険料を決定するしくみのことです。健康保険・厚生年金保険それぞれの金額に応じた標準報酬月額表が定められており、最新の表は厚生労働省や協会けんぽのサイトより入手できます。なお、標準報酬制度は賞与にも適用されており、「累計標準賞与額」を用いて、該当する等級に保険料率を掛けて求めた額が社会保険料となります。

● 3か月連続大幅アップ・ダウンしている場合は随時改定が必要

　標準報酬月額の改定は、原則は「定時決定」として、毎年4月～6月の3か月間の報酬に応じて行われ、その金額はその年の9月から1年間適用されます。しかし、会社によっては、定時昇給以外に残業の増加や雇用形態の変更、異動による通勤費の変更などによる大幅な報酬額の増減が生じる場合があります。そこで、以下の条件に該当する

ときには、定時決定を待たずに標準報酬月額を変更するという随時改定制度が用いられます。
① 報酬の固定的部分（基本給、家族手当、通勤手当など）の変動
② 報酬の変動月とその後2か月の報酬（残業手当等変動部分も含む）が現在の標準報酬月額に比べて2等級以上の増減
③ 3か月とも報酬支払基礎日数が17日以上ある

随時改定の必要があったにもかかわらず改定を行わなかった場合、報酬に応じた正しい社会保険料の支払ができなくなります。特に報酬がアップした場合に改定を行わないと、保険料逃れとみなされ、社保調査の際に問題となります。随時改定のタイミングを忘れないよう、毎月の給与額チェックは確実に行い、増減が生じた労働者の金額には特に注意を払う必要があります。

● 保険料逃れのためのボーナスの分割支給は許されない

社会保険料の金額は国によって毎年改定が行われ、年を追うごとに増加の一途をたどっている状況です。そのため、少しでも納めるべき保険料の金額を減らすために、賞与を利用する会社が問題視されています。具体的には、標準賞与額の査定を免れるため、支払う予定の賞与額を按分して毎月の給与額に上乗せし、保険料の金額を減額させようという方法のことです。このような問題に対する対策として、厚生労働省は「『健康保険法及び厚生年金保険法における賞与に係る報酬の取扱いについて』の一部改正について」という内容の通知を発令しました。これにより、賞与として支払われるべき賃金の分割支給額は、毎月の給与と扱うことが不可能になります。賞与の支給を適切に行わず、毎月の給与額に上乗せする方法で保険料逃れを図った場合、社保調査により厳しい指摘を受ける可能性があります。労働者が将来適切な金額の年金を受け取ることができるよう、このような保険料逃れは避けなければなりません。

第6章

労基署調査前の準備と調査後の流れ

1 労働時間の管理を徹底しよう

日頃から労働時間の管理を習慣化する

● 労働時間の管理がなぜ必要なのか

　時間外労働手当の計算を会社に都合よく計算して終了できるのであれば、厳格な労働時間の管理は必要ありません。しかし、そのような大雑把な計算をしていたところに、労働基準監督署の調査が入った場合、会社は多くのペナルティを受けることになります。過去に遡って時間外労働手当を支給する必要があります。通常は過去に遡るといっても、3か月とか6か月程度ですが、賃金の請求時効は2年ですから、最大で2年も遡ることもあります。そうなると、会社経営を大きく左右する金額の支出が必要になります。

　そうなってしまわないためには、日頃から法律に基づいた形で、労働時間を正しく管理していかなければなりません。厚生労働省から平成13年4月に出された「労働時間の適正な把握のために使用者が講ずべき措置に関する基準について」という通達が基準となり、下記の通り定められています。

① 労働者の労働日ごとの始業・終業時刻を確認し、記録すること。
② 記録する方法として、使用者が自ら現認するか、タイムカード、ICカードなどによること
③ 自己申告による場合は、適正に申告させ、必要に応じて調査すること

　実際のところ、労働基準監督署の調査が入ることはそれほど頻繁にはありません。中小企業の場合には、ほとんどないかもしれません。しかし、「いざ調査」というときに慌てて改善しようとしても、すでに間違った労働時間管理で、不払いとなった時間外労働手当は「是正

勧告」の対象になります。リスクを将来にまわさないためにも、日頃から正しい労働時間管理が必要です。

● どんなケースが危ないのか

　以前は、労働基準監督署の調査においても、比較的緩やかな基準でしたから、厳格にいうと違反がある状況でも大目に見てもらえたケースもあると思います。法解釈の疑義や経済成長を考慮した行政判断が働いたのかもしれません。法適用の厳格さという意味では多少甘く運用されていたようです。そのため、今でも「以前なら通用した理屈」で労働時間管理をしている場合があります。しかし、法解釈についても一定の方向性が示され、労働者の過重労働の問題も顕在化していく中で、労働基準監督署の調査は厳格に行われるようになりました。次のようなケースは「是正勧告」の対象となることがあります。

① 労働時間の記録がないため、「時間外労働がない」としているケース

　この場合は「本当に時間外労働がない」という証拠が必要です。

② 労働日ごと労働時間を30分単位で管理しているケース

　労働時間は、1か月の合計では30分単位で端数調整できますが、労働日ごとでは1分ごとの管理が必要です。

③ 時間外労働時間の上限を設定し、それ以上の時間外労働を認めていないケース

　たとえ、三六協定で時間外労働時間の上限を設定していたとしても、現実にそれを超過して時間外労働をした場合には、すべての時間外労働時間に対し、時間外労働手当を支給しなければなりません。

④ 時間外労働を自己申告制とし、過少申告させているケース

　「サービス残業」の典型ともいえるケースです。正しく申告するように指導しなければなりません。

● ハンコを押すだけの出勤簿は違法なのか

　前述の厚生労働省の通達（170ページ）により、始業時刻・終業時刻は正確に管理することが求められています。ハンコを押すだけの出勤簿の場合、労働時間の管理は、使用者の現認か自己申告となります。いずれの方法にしろ、後に調査したときに明確にわかる方法での記録が必要です。したがってハンコを押すだけではその労働時間の記録を残すことができず、適正さを欠くことになります。

● 時間外労働なしといえるには根拠が必要

　時間外労働手当は時間外労働をした場合に支払わなければならないものです。労働者の立場からすると、時間外労働をした証拠があるときにのみ時間外労働手当を請求することができるということになります。一見すると、時間外労働をした証拠がなければ使用者は時間外労働手当を支払わなくてもよい、ということになりそうですが、そう簡単にはいきません。

　労働基準監督署の調査が入ったときに、「時間外労働がないので手当を支払っていない」とするのであれば、時間外労働が本当にないことを証明する、客観的な根拠が必要になります。つまり、厚生労働省の通達に準拠した形で行われた労働時間管理の下で、時間外労働が発生していない状態の記録が必要です。一般的に用いられる労働時間管理の手法であるタイムカードに、定時刻に打刻されていることが必要になります。また、私用などで会社に居残る時間を時間外労働時間と明確に分けるために、別途「時間外労働時間の申告」を行っている場合、タイムカードに打刻された時刻から集計される会社に居残っている時間と、申告される時間外労働時間との間に大きなギャップがある場合には、従業員に過少申告をさせていると疑義をもたれることもあります。そのような時間、時間外労働時間に集計すべきではない、私用の時間については、別途記録を残しておくことも必要になります。

● 勤怠管理ができていない場合には是正をする

　会社のコストを考えた場合、時間外労働手当は利益を減少させるコストとなるので、その支払いに積極的な会社は多くありません。しかし、実際は時間外労働を行わせているのに、時間外労働手当を支払っていない場合は、当然に違法な状態となります。

　一方、労働基準監督署の調査は、それほど頻繁には行われません。特に企業規模の小さい会社の場合、何年も調査が入らないこともあります。そのため、勤怠管理、とりわけ労働時間の管理を曖昧にして時間外労働手当を支払わない例も少なくありません。前述の通り、時間外労働手当を支払わないということにも、時間外労働がなかったことを証明する根拠が必要です。

　労働基準監督署の調査を受けた際に、勤怠管理ができていなかった場合は、それにより直ちに時間外労働隠しを疑われ、時間外労働手当を支払う義務が発生するわけではありませんが、「適正に労働時間の管理をしていない」として是正を受ける可能性があります。その場合は、さらに3か月程度に渡り、労働基準監督署に勤怠管理についての報告を義務づけられることもあります。さらにこのようなケースでは、時間外労働を隠しているという疑いをもたれますので、細部に渡り調査されることになります。したがって、十分な労働時間の管理ができていない会社は、厚生労働省の通達に準拠する形での勤怠管理を徹底していかなければなりません。

　労働者の労働時間を把握・管理することは、仕事の効率化や賃金の計算などを行う上で、非常に重要です。これを怠ると、業務の遂行や経費の面で会社に迷惑をかけますから、直属の上司は管理者責任を問われることにもなりかねません。たとえば上司の許可を得ずに残業しているのを注意しないだけでも、黙認した、ひいては指示したということになってしまいますので、十分注意してください。

2 タイムカードや出勤簿で労働時間を管理する

労働時間を正確に把握する

● 変動的給与計算のためにデータを残す

　会社などの事業所が労働者に給与を支給するときは、一定のルールにしたがって給与を計算することになります。事業所によって給与体系はさまざまですが、事業所内では同じ基準を使用します。ただ、正社員とそれ以外のアルバイト・パートタイマーなどでは給与の支給基準や支給内容が異なります。

　給与は固定的給与と変動的給与に分かれます。

　固定的給与とは、原則として毎月決まって同じ額が支給される給与のことで、たとえば、基本給・役職手当・住宅手当・家族手当・通勤手当などがこれにあたります。これに対して、変動的給与とは支給されるごとに支給額が異なる給与のことです。時間外手当・休日労働手当・深夜労働手当などの残業手当や精皆勤手当などがこれにあたります。

　固定的給与は原則として就業規則（賃金規程）であらかじめ毎月の支給額が決まっているため、月中での入退社や休職からの復帰、欠勤や遅刻・早退などがない限り、改めて計算する必要はありません。

　一方、変動的給与は、毎日の出退勤状況や残業時間に応じて給与を支給する都度金額が異なるため、毎月、支給額を計算する必要があります。そこで、変動的給与を計算するために、それぞれの労働者について、日々の出勤・欠勤の状況、労働時間・残業時間などのデータが必要になります。このデータ収集のために利用されるのが出勤簿やタイムカードです。なお、出勤簿、タイムカード、賃金台帳は最後に記入した日から3年間、事業所に保存しておく必要があります。

■ タイムカードサンプル

■ 出勤簿サンプル

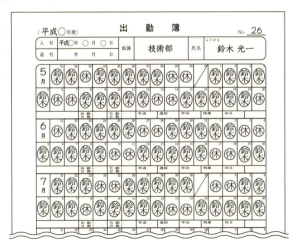

第6章 労基署調査前の準備と調査後の流れ

3 賃金台帳の記載と保存について知っておこう

給与を支払うたびに労働者の領収印をもらう

● 1年間の給与の一覧表となる

　会社などの事業所では、毎月給与計算を行うことになります。給与計算が終わったら、労働者一人ひとりに対して給与を支払います。その際、なぜその支給額になったのかがわかるようにするため、給与明細を添付して給与を支払う必要があります。給与明細には支給額と控除額の内訳をそれぞれ明示し、最終的な支給額（手取り額）を記載します。

　ただ、給与明細は労働者に渡してしまうものですから、事業所のほうでも、データとして労働者に渡した給与明細と同じものを保存しておかなければなりません。しかし、労働者数が何百人もいるような会社で、毎月の明細を労働者に渡した給与明細と同じサイズの給与明細で保存するというのには無理があります。

　また、年末調整のときには、労働者一人ひとりに対する1年間の給与の内訳を記載した源泉徴収簿を作成する必要があります。

　このようなことから、労働者ごとの1年間の給与一覧表である賃金台帳（給与台帳と呼ぶこともあります）を作成するようにします。賃金台帳には、労働者の給与と賞与の支給額と控除額の内訳を細かく記載します。賃金台帳は労働基準法上、事業所に備え付けておかなければならない書類ですから、必ず作成するようにしましょう。

● 法定3帳簿とはどんな帳簿なのか

　法定3帳簿は、事業所の規模や労働者数に関係なく、労働基準法で事業主に作成と保存が義務づけられている、①労働者名簿、②賃金台帳、③出勤簿またはタイムカードの3つの帳簿のことです。

①の労働者名簿には、労働者の氏名、生年月日、履歴、性別、住所、従事する業務の種類、雇入年月日、退職年月日とその事由、死亡年月日とその原因を記載することが決められています（③の出勤簿またはタイムカードについては174ページ）。

● 賃金台帳に記載すべき事項と保存の義務

賃金台帳は法定3帳簿のひとつです。賃金台帳は事業所ごとに備え付けておかなければなりません。

たとえば、本店（本社）の他に支店（支社）や工場がある会社で、その支店や工場などでそれぞれ給与計算の事務処理を行っている場合は、その支店や工場ごとに賃金台帳を作成し、保存する義務があります。これに違反した場合は30万円以下の罰金が科されます。賃金台帳の記載事項には、下図の通りです。

事業主は賃金台帳に以上の事項をきちんと記載して、一定期間（最後に記入した日から3年間）保存しておかなければなりません。

■ 賃金台帳に記載する事項

- 労働者の氏名
- 労働者の性別
- 賃金の計算期間
- 労働日数
- 労働時間数
- 時間外労働・休日労働・深夜労働の労働時間数　← ※ 普通の時間外労働と深夜労働、休日労働を分ける
- 基本給・各種手当の金額　← ※ 基本給と各種手当を分ける
  ※ 手当もその手当の種類ごとに分ける
- 賃金の一部を控除する場合における控除額　← ※ 社会保険料などの控除額
  ※ 源泉徴収所得税額
  ※ 労使協定などに基づいて控除する場合の控除額

第6章　労基署調査前の準備と調査後の流れ

4 割増賃金の端数処理について確認しておこう

四捨五入が原則である

● 切り上げるか四捨五入をする

　最近は、パソコン用給与計算ソフトを使って毎月の給与計算を行っている事業所も多いため、最初の設定できちんと端数処理の方法を選択しておけば問題は生じないかもしれませんが、ルールに基づいた端数処理をしておかないと、後になって労働調査で目をつけられる可能性があります。

　労働者ごとの１時間あたりの賃金額や割増賃金を計算しようとすると、多くの場合、１円未満の端数が生じます。たとえば、月平均所定労働時間数が168時間（１か月あたりの平均労働日数21日、１日８時間勤務）で月給30万円の労働者の場合、割増賃金の算定の基礎となる１時間あたりの賃金額は、

　30万円÷168＝1,785.714・・・

となります。この場合、小数点以下の端数については、50銭未満のときは切り捨て、50銭以上１円未満のときは切り上げて処理すること

■ 賃金の割増率

時間帯	割増率
時間外労働	25％以上
時間外労働（月60時間を超えた場合）	50％以上 ※
休日労働	35％以上
時間外労働が深夜に及んだとき	50％以上
休日労働が深夜に及んだとき	60％以上

※労働時間が１か月60時間を超えた場合に支払われる残業代の割増率については、当分の間、中小企業には適用が猶予される。

ができます。この例の場合、50銭以上1円未満の端数を切り上げて、1時間あたりの賃金額を1,786円とすることができます。

また、1円未満の端数が生じたときは、一律に切り上げるという処理方法をとることもできます。1時間あたりの賃金単価が1円でも高くなることは給与計算上、労働者にとって有利になることだからです。

逆に1円未満の端数を一律に切り捨てるという処理の方法をとることはできません。さらに、割増賃金を求める計算の途中過程では端数処理をせずに、1円未満の端数をそのまま使用することもできます。

なお、労働者によって端数処理の方法がまちまちにならないように、事業所内では統一した基準で端数処理を行うようにします。

● 労働時間の端数処理

多くの事業所では給与計算の都合上、休日労働や時間外労働の時間を算出する場合に30分単位や15分単位で処理しています。そのため、30分や15分という単位に満たない労働時間の端数が生じる場合があります。たとえば、30分単位で処理している会社で午後6時00分から午後6時22分まで残業した場合の22分間が労働時間の端数です。休日や時間外に労働した場合の労働時間数は、1か月単位で端数処理をしなければならず、1日ごとに端数処理を行うことはできません。

■ 時間外労働の端数処理の仕方

● 1日25分間、20日間時間外労働した場合の残業時間の計算

| 30分未満 | → | 切り捨て |
| 30分以上1時間未満 | → | 切り上げ |

→ 1日ごとに処理すると、25分は切り捨てられてしまうが、そのような計算はしない。

→ 25分間 × 20日間 ＝ 8時間20分
20分を切り捨てて、8時間の時間外労働とする

そこで、実務上の処理方法としては、30分単位で時間を集計している会社の場合、30分以上1時間未満の端数を1時間に切り上げ、30分未満の端数を切り捨てるという方法をとります。たとえば、1か月の時間外労働時間を計算したら23時間27分だった場合は、30分未満切捨てですから、23時間になります。また、23時間50分だった場合は、50分を1時間に切り上げますから、24時間になります。

■ 割増賃金の計算方法

前提
- 基本給のみの月給制
- 1日の所定労働時間は8時間(始業9時・終業18時・休憩1時間)
- 完全週休2日制(法定休日は日曜日)

① 賃金単価の算出

算定基礎賃金 ÷ (1か月平均所定労働時間) = 1時間あたりの賃金単価

② 1か月の残業時間、深夜労働時間及び法定休日労働時間の算出
- 1日ごとの残業時間及び法定外休日労働時間を端数処理せずに1か月を合計
- 1日ごとの深夜労働時間を端数処理せずに1か月を合計
- 法定休日労働時間を端数処理せずに1か月を合計

③ 1か月の割増賃金の算出

60時間までの残業時間 × 1時間賃金単価 × 割増率(1.25以上) = 60時間までの残業の割増賃金 **A**

60時間を超える残業時間 × 1時間賃金単価 × 割増率(1.5以上) = 60時間を超える残業の割増賃金 **B**

深夜労働時間 × 1時間賃金単価 × 割増率(0.25以上) = 深夜労働の割増賃金 **C**

法定休日労働時間 × 1時間賃金単価 × 割増率(1.35以上) = 法定休日労働の割増賃金 **D**

※60時間を超える残業時間の割増率が50%以上となるのは中小企業を除く企業

④ 受け取る賃金の算出

A + **B** + **C** + **D** = 1か月の受け取る割増賃金の合計額

5 欠勤や遅刻・早退の扱いについて確認しておこう

給与は労働者が提供した労働力に対して支払われる

● 欠勤・遅刻・早退すると給与から一定の金額が差し引かれる

　給与は労働者が提供した労働力に対して支払われるものですから、労働力の提供がない場合については、給与は支払われません。これがノーワーク・ノーペイの原則です。1日仕事を休んだ分（欠勤）、朝仕事に遅れた分（遅刻）、早めに帰った分（早退）の給与は労働者に支払われないことになりますが、これは法律上認められている控除ということになります。

　欠勤についての一般的な控除額の算出の仕方は、欠勤1日につき1年間の月平均所定労働日数分の1を控除するという方法をとっている事業所が多いようです。遅刻や早退などで1時間あたりの控除額を算出する場合はさらに1日の所定労働時間で割って控除額を求めます。

　また、事業所によっては、欠勤1日につきその月の所定労働日数分の1を控除することにしているところもあります。どちらの算出方法でもかまいませんが、一度決めた算出方法は変更しないことが原則です。「人によって」「月によって」など、異なる方法にならないようにしましょう。

● 仕事を休んだ場合などの控除額の計算方法

　ノーワーク・ノーペイの原則に基づき、労働者が欠勤・遅刻・早退した場合には、その分を給与から控除することができます。
　では、この場合の控除額はどうやって計算したらよいのでしょうか。例をあげて計算してみましょう。

〈設例〉
　Z社に勤務しているCさんは、今月、欠勤を1日、遅刻を3時間しました。Z社の1年間の月平均所定労働日数は20日で、1日の所定労働時間は8時間です。Cさんの給与を構成する手当は以下のようになっています。Z社は控除額を計算するときは、給与のうち基本給だけを対象としています。

基本給　　220,000円　　　役職手当　　25,000円
家族手当　 20,000円　　　通勤手当　　15,000円

※）Z社は、欠勤1日につき1年間の月平均所定労働日数分の1を控除するという方法をとっている

　欠勤分の控除額と遅刻分の控除額を別々に算出します。
　まず、欠勤した分の控除額を求めます。Z社は基本給だけを対象として控除額を計算しますから、Cさんの場合、220,000円を1年間の月平均所定労働日数で割って、これに欠勤日数を掛けます。
　220,000円÷20日×1日＝11,000円（1日分の控除額）
　次に遅刻した分の控除額を計算します。1時間あたりの控除額は1日あたりの控除額を所定労働時間で割って求めます。
　11,000円÷8時間×3時間＝4,125円（3時間分の控除額）
　したがって、Cさんの今月の給与から控除される額は
　11,000円＋4,125円＝15,125円　ということになります。
　なお、Z社では、皆勤手当や精勤手当といったその月の出勤状況によって支給額や支給するかどうかが決まる手当がないため、このような計算になります。しかし、皆勤手当や精勤手当が支給されることになっている事業所では、欠勤、遅刻、早退などの状況によって、手当を支給しなかったり（支給要件に該当しない）、支給額を減額したりといった処理が必要になりますので、注意しましょう。

● 制裁として減給する場合の注意

従業員が規律違反を犯した場合、会社として減給処分を下すことがあります。

ただ、給与は労働者の生活を維持するための重要なものですから、減給の制裁には一定の制限があります。減給の制裁として以下のような上限額が労働基準法で定められています。

> ① 制裁1回の金額が平均賃金の1日分の半額を超えてはならない
> ② 一賃金支払期（月1回の給与のときは1か月）における制裁の総額はその一賃金支払期の賃金の総額の10分の1を超えてはならない

たとえば、1日1万円が平均賃金の場合、①により1回の減給の上限額は5,000円になります。月給30万円の場合、②により1か月の減給の上限額は3万円になります。①と②は同時に充たす必要があります。

■ 減給制裁の限界

1回の額が平均賃金の1日分の半分を超えない
➡ 1日1万円が平均賃金の場合、減給の上限額は5,000円

減給の総額が賃金の総額の10分の1を超えてはならない
➡ 月給30万円の場合、複数回の制裁があったとしても
　1か月をトータルして減給の上限額は3万円

Q 平均賃金算定方法のルールが知りたいのですが。

A 平均賃金は、①労働者が有給休暇を取得した場合や、②労働者に対して減給処分をするとき、③労働者を解雇するときに労働者に支給する解雇予告手当、④労災事故など、使用者に責任があって労働者を休業させるときに支払う休業手当の算定などに使用します。

労働基準監督署の調査では平均賃金に値する金額を支給しているかどうかについてもチェックされますので、気をつけなければなりません。

平均賃金の算出方法は原則として、「平均賃金を算定すべき事由の発生した日以前3か月間にその労働者に対し支払われた賃金の総額を、その期間の総日数で除した金額」になります。具体的な計算例は、下図の通りです。これは、できるだけ直近の賃金額から平均賃金を算定することによって、労働者の収入の変動幅を少なくするためです。

ただし、この計算方法だと労働日数が少ない場合に平均賃金の金額も低下してしまうため、最低保障の制度も用意されています。

■ **平均賃金の算出方法の原則**

算定期間 3か月

↓

支払賃金の総額 ÷ 3か月間の総日数 ＝ 平均賃金

算定事由発生日

（例）4月21日から7月20日までの3か月間に合計90万円が支払われていた場合

90万（円）÷91（日）＝9890.1円 ⇒ 平均賃金 9890円

6 調査前にこんなことをしてはいけない

法律違反を隠すような行為やごまかそうとする行為は禁止されている

● どんな行為が法律違反になるのか

　労働基準法には、労働基準監督官が臨検を行う際に行ってはならないことが、具体的に定められています。臨検とは、労働基準監督官としての職務執行のため、労働基準法違反の有無を調査する目的で事業場などに立ち入ることをいいます。ただ、あくまでも行政上の権限であり、司法上の捜索ではないため司法官憲（警察や検察）の令状は不要です。

　申告監督も臨検の一種ですから、この規定に従うことになります。まず、労働基準監督官が行う臨検を拒むことはできません。したがって、申告監督を受ける際に、これを拒むことはできません。臨検を妨害するような行為、忌避（臨検を受けることを嫌い、避けること）する行為も禁止されています。

　また、帳簿などの書類を提出するように言われた場合尋問を受けた場合に、これを拒むことはできません。帳簿書類に虚偽の記載をして提出することも許されません。たとえば、長時間の残業をさせていたことを隠すために、データを隠したり改ざんするといった行為を行うことは許されません。具体的には、出退勤時間を打刻するタイムカードや賃金台帳などを改ざんしたような場合です。

　尋問に対して、虚偽の受け応えをしたり、労働者に対して虚偽の受け応えをするように強要することも禁止されています。したがって、本当はサービス残業をさせているのに、労働者に対して「残業をしてない」と言わせることはできません。仮に言わせた場合で、後日その労働者が会社に強要されたことを伝えたとしても、その労働者に対し

て不利益な取扱いをすることは禁止されています。
　なお、労働契約を締結した際に交わした労働契約書や雇用契約書なども隠すことはできません。たとえば、以下のような行為のことです。
・労働契約書など指定された書面を隠すこと
・尋問に対して虚偽の受け応えをすること
・尋問に対して虚偽の受け応えをするように労働者に強要すること
・尋問に答えないこと
・タイムカードなどの勤怠データを改ざんすること
・賃金台帳を改ざんすること
　以上のような行為を行うと、30万円以下の罰金を処せられますから、注意してください（労働基準法120条4号）。

■ データの一致を確認するケース

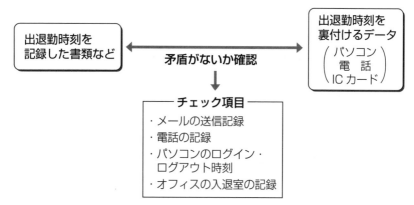

7 労働基準監督官はどのようにやってくるのか

いきなりやってくることもあるがたいていは日程を調整できる

● どのようにやってくるのか

　労働基準監督官は、予告してくる場合と予告せずに来る場合があります。予告しないで来る場合は、事前に電話などで知らせることなく、突然会社にやってきます。ただ、突然会社にやってこられてもすぐに対応できない会社がほとんどでしょう。

　このような場合には、その日には対応できないことを伝える必要があります。この場合、書類などを準備して確実に対応できそうな日を決めて、必ず対応することを誠実に伝えるようにする必要があります。

　電話でいきなり調査の日時を指定してくる場合もあります。このような場合には、その日までに対応できるようにしておく必要がありますが、あまりに急ですぐに対応できない場合には、やはり対応できそうな日を伝えるようにします。

　また、事前にFAXで調査の日時を伝えてくる場合もあります。この場合、担当監督官の氏名や調査当日に必要な書類も記載されていますから、その日までに書類を準備するようにしましょう。指定された日時にどうしても対応できない場合には、他の場合と同様に、その旨を伝え、誠実に対応する必要があります。

● 準備しておくものは

　突然担当者がやってきた場合は別として、事前に電話やFAXで連絡があった場合には、その時点で必要な書類を確認しておくようにしましょう。予告もなく担当者がやってきた場合で改めて別の日に調査してもらうように日程を調整した場合も、その段階で必要な書類につ

いては必ず確認しておくようにします。

　ケースによって異なりますが、労働基準法に関する事項について準備しておきたい書類には以下のようなものがあります。
・各労働者に交付した労働条件通知書（または雇用契約書）の控え
・就業規則・賃金規程
・各労働者の年次有給休暇の取得状況を示す書面
・会社の組織図（労働者数とその内訳がわかるもの）
・労働者名簿
・賃金台帳
・各労働者の時間外労働・休日労働の実態がわかる書面
・タイムカードなどの出退勤の表データ
・時間外労働・休日労働に関する協定がある場合にはその協定届の控え

● 社会保険労務士に立ち会ってもらうこともできる

　調査に対応できるか不安な場合には、社会保険労務士に相談するとよいでしょう。この場合、事前に相談するだけでなく、当日に立ち会ってもらうことも検討します。社会保険労務士に立ち会ってもらう場合には、事前に、どう対応するのかを具体的に打ち合わせしておくようにします。また、提出する書類について、あらかじめチェックしてもらうと安心です。調査日を別の日にしてもらう場合などは、こうした事前の打ち合わせも日程に入れて、余裕をもっておくとよいでしょう。

● 調査への対応とマナー

　調査日の調整をする際には、労働基準監督署、会社の担当者、そして社会保険労務士に立ち会ってもらう場合には社会保険労務士の日程があう日を選ぶ必要があります。
　また、当日は、きちんとした身なりで誠実に対応するようにします。

調査中には、さまざまな書類を確認しなければなりませんから、広めの机を用意して、作業しやすい環境を整えるようにします。場所としては、たとえば会議室など、作業しやすいスペースを確保するようにすべきです。

　調査時間については、2、3時間くらいは見ておくようにします。対応する人員の時間もゆとりをもって空けておくようにしましょう。

■ **調査の通知から当日までの手順**

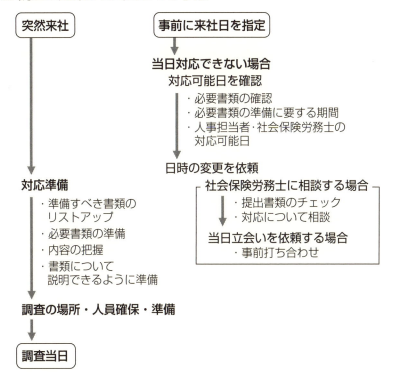

8 監督官がチェックする書類についておさえておこう

チェックするポイントをふまえて記入漏れがないか確認する

◉ どんなものを準備するのか

　労働基準監督署による定期監督や申告監督が実施される際には、調査の時に労働基準監督官が確認する書類を準備するように指示されます。労働基準監督官が事前に連絡せずに突然やってくる場合を別として、通常は、事前に「ご用意いただきたい書類」という表題の書面が郵送かFAXで送られてくるので、そこにリストアップされた書類を用意することになります。具体的には、会社が雇用している労働者についての詳細を判断するための書類として、会社組織図や労働者名簿の提出が求められます。各労働者との雇用契約と雇用する条件について判断するために必要な就業規則等や雇用契約書あるいは労働条件通知書も準備しなければなりません。

　労使間で時間外労働や休日労働に関する協定を結んでいる場合には、その協定届も準備します。シフト制やフレックスタイム制、裁量労働制などを導入している会社の場合には、こうした制度の導入に関する労使協定について記載した書面などを準備します。

　また、労働者の勤務状況を裏付ける資料として、タイムカードなどの出勤簿や賃金台帳（給与明細書など）、変形労働時間制を導入している場合には変形労働時間のシフト表、さらに、有給休暇届など有給休暇の取得状況の管理簿などを準備します。

　また、労働者の安全衛生に関する書類も必要になります。具体的には、健康診断個人票、安全管理者・衛生管理者や産業医の選任状況を確認できるような書面、安全委員会・衛生委員会の設置の有無とその運営状況を確認できるような書面などです。

● 組織図が必要になる

　調査に来る労働基準監督署の監督官は、会社の組織図をチェックします。組織図とは、会社の組織について組織の体系を一覧できるように示した図のことです。部署・課・室の構成が図示され、会社の組織が一目でわかるようになっています。

　労働基準監督官は会社の組織図を見て、一般的に長時間労働となりやすい業務内容を含む組織があるのかどうかを把握します。また、労働者の人数と内訳を見ることで、正社員が多いのか、それとも非正規社員が多いのか、といった事項についても判断します。

　調査を効率的に行うために、最初にこの組織図から業務内容と人員配分を確認し、長時間労働となりやすそうな組織にあたりをつけて重

■ 組織図

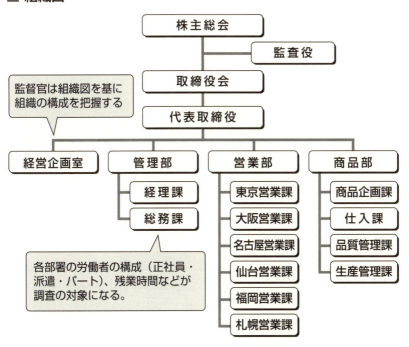

第6章　労基署調査前の準備と調査後の流れ

点的に調査を行う労働基準監督官が多いようです。

● 労働者名簿は記載漏れがないように

　労働者名簿は、労働基準法上作成することが義務づけられていますから、たいていの会社は労働基準監督署からの指示がなくてもすぐに準備できるでしょう。労働基準法で作成が義務づけられている労働者名簿とは、各労働者に関する一定の事項を記載した書面を労働者ごとに作成したものです。各労働者の氏名と住所を一覧にしたようなものは労働基準法上作成が求められている労働者名簿とはならないので、注意してください。

　必要事項とは、たとえば、労働者の氏名・住所・性別・生年月日・雇用開始日（雇い入れの年月日）などの基礎的な情報の他に、各労働者が従事している業務の種類と入社前の職歴を記載します。他に書き加えるべき内容がある場合には備考欄を設けて記載します。また、すでに退職した（解雇・死亡などを含みます）労働者の名簿には、解雇・退職・死亡の年月日とその原因を記載する必要があります。

　なお、退職した労働者についても退職した時から3年間は労働者名簿を保存しておかなければならないので、注意してください。

　労働基準監督官は、労働者名簿が全労働者分作成されているかどうか、そして必要事項が記載されているかどうかを確認します。必要事項について記載漏れがあると、労働基準法違反となる場合もありますから、事前にすべてそろっているかどうか、確認するようにしてください。

● 賃金台帳に不備がないように気をつける

　賃金台帳には、賃金を計算する上で基礎となる賃金の額、労働者の氏名と性別、支給する賃金の計算期間、労働日数と時間数を記載します（177ページ）。

労働時間数については、時間外労働・休日労働・深夜労働の労働時間数も記載します。
　もちろん、その計算の基礎となる基本給については、その他の諸手当とは分けて記載します。諸手当についても種類ごとに金額を記載できるようにしておく必要があります。
　なお、労使協定によって賃金の一部を控除したような場合にはその額を明記する必要があります。労使協定とは、事業場の過半数の労働者で組織される労働組合（そのような労働組合がない場合には労働者の過半数を代表する者）と使用者との間で、書面によって締結される協定のことです。
　賃金台帳は、基本給と諸手当、そして時間外労働に対する賃金が労働者に適切に支払われているかどうかを確認するために提出を求められるものです。したがって、必要事項を記載していないなど不備がある場合には、是正勧告や指導を受けることになりますから、事前に必ず確認するようにしてください。特に基本給と諸手当の区別、そして時間外労働の種別を明記するのを忘れないようにしましょう。

■ **労働者名簿に記載する事項** ……………………………………

会社が負う義務 → **必要事項** の記載された労働者名簿を作成すること

```
・労働者の氏名
・労働者の性別
・労働者の住所
・労働者の生年月日
・労働者の履歴
・労働者の従事する業務の種類
・雇入れ年月日
・退職または死亡の事由と年月日
・退職の事由が解雇の場合にはその理由
```

第6章　労基署調査前の準備と調査後の流れ

● 労働条件通知書で何をチェックするのか

　労働条件通知書は、労働者を雇い入れる場合に労働者に対して交付しなければならないものです。賃金や労働時間、就業場所などの一定の事項について記載しなければならないとされています。具体的な記載事項については、198ページの書式を参考にしてください。

　なお、労働条件通知書は、正社員だけでなく、有期限で労働者を雇用する場合にも交付しなければなりません。その際には、契約の期間が満了した場合に更新するのかどうか、記載しておくようにします。

　更新する場合には、自動的に更新となるのか、契約満了時に更新するかどうかを判断するのか、あるいは原則として契約更新はしないものとして、例外的な事情がある場合に限って更新するのか、といったことがわかるように記載しておくとトラブルを予防することができるでしょう。

　いずれにしても、雇用期間を限って雇用する場合には、労働条件通知書に有期契約であることを明示します。また、期間満了後に更新する場合、その都度新しい労働条件通知書を交付しなければなりません。

　このように、労働基準監督官は、労働条件通知書に記載された労働条件を確認し、実態について記載された他の書類とあわせてその会社が法律違反をしていないかどうかを判断することになります。

● 書類は保存期間を確認しておくこと

　準備すべき書類には保存期間が定められています。会社は各書類の作成義務を負うとともに定められた期間中はその書類を保存しなければならないのです。たとえば、労働者名簿の場合には、現在会社で勤務している者についてだけに気をとられずに、退職した労働者のものであっても退職してから3年間は保存しなければならない点に注意しなければなりません。

　一定期間保存義務のある書類については、必要な時にすぐに閲覧す

ることができるようにしておかなければなりません。また、保存すべき期間と賃金や退職金の消滅時効期間は一致していないので、その点にも注意してください。

消滅時効期間とは、その期間を過ぎてしまうと権利を行使することができなくなってしまう期間のことです。たとえば、労働者が使用者に賃金を請求できる権利は請求できる日から2年間、退職金を請求できる権利は請求できる日から5年間で時効消滅します。

労働基準法または労働安全衛生法に関係する文書の保存期間について、下図の通りにまとめましたので、参考にしてください。

■ **文書の保存期間**

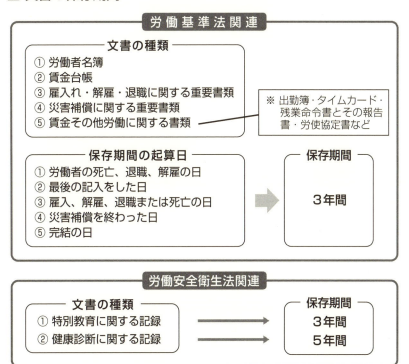

書式　賃金台帳（給与台帳）

雇入年月日		所属		職名		
平成○年○月○日　雇入		総務部		経理課長		

	賃金計算期間	1月分	2月分	3月分	4月分	5月分	6月分	7月
その月の勤怠状況	労働日数	20日	21日	19日	22日	20日	日	
	労働時間数	160	168	152	176	160		
	休日労働時間数			8				
	早出残業時間数	22	25	31	18	24		
	深夜労働時間数			3				
その月の支給額の内訳と合計	基本給	200,000円	200,000円	200,000円	205,000円	205,000円		
	所定時間外割増賃金	36,960	42,000	72,640	30,240	40,320		
	手当　職務手当	10,000	10,000	10,000	10,000	10,000		
	役職手当	5,000	5,000	5,000	5,000	5,000		
	住宅手当	20,000	20,000	20,000	20,000	20,000		
	家族手当	15,000	15,000	15,000	15,000	15,000		
	精皆勤手当	10,000	10,000	10,000	10,000	10,000		
	通勤手当	12,000	12,000	12,000	12,000	12,000		
	手当							
	小計	308,960	314,000	344,640	307,240	317,320		
	その他の給与							
	合計	308,960	314,000	344,640	307,240	317,320		
その月の控除額の内訳と合計	控除額　健康保険料	12,300	12,300	12,300	12,300	12,300		
	厚生年金保険料	22,494	22,494	22,494	22,494	22,494		
	雇用保険料	1,854	1,884	2,068	1,843	1,904		
	介護保険料							
	所得税	6,820	6,920	7,970	6,710	7,030		
	住民税	10,000	10,000	10,000	10,000	10,000		
	控除額計	53,468	53,598	54,832	53,347	53,728		
	差引合計額	255,492	206,402	289,808	253,893	263,592		
	実物給与							
手取額	差引支給額	255,406	260,305	289,650	254,424	264,024		
	領収者印	佐藤	佐藤	佐藤	佐藤	佐藤	印	日

　→現金支給している場合は本人に領収印をもらう

書式　労働者名簿

労 働 者 名 簿

ふりがな	やまだ　たろう				従事する業務の種類	経理
氏　名	山田　太郎					
生年月日	明治 大正 ㊵ 昭和 40年 11月 15日生			性別	㊚ 女	
住　所	○○○-○○○○ 東京都○○区○○町○○-○○					
雇入年月日	平成10年　9月　1日					
解雇退職又は死亡	平成21年　6月　20日　解雇 ㊛ 死亡					
	事由又は原因	自己都合退職				

履歴
　昭和59年3月31日　○○高等学校卒業
　昭和59年4月1日　株式会社○○入社
　平成10年6月30日　株式会社○○を自己都合により退社

書式　労働条件通知書

（一般労働者用；常用、有期雇用型）

労働条件通知書

平成 **25** 年 **4** 月 **1** 日

○○○○ 殿

事業場名称・所在地　**東京都港区○○　×-×-×**
使用者職氏名　**株式会社○○　代表取締役○○○○**

契約期間	(期間の定めなし)、期間の定めあり（　年　月　日～　年　月　日） ※以下は、「契約期間」について「期間の定めあり」とした場合に記入 1　契約の更新の有無 　［自動的に更新する・更新する場合があり得る・契約の更新はしない・その他（　　　）］ 2　契約の更新は次により判断する。 　・契約期間満了時の業務量　　・勤務成績、態度　　　・能力 　・会社の経営状況　・従事している業務の進捗状況 　・その他（　　　　　　　　　　　　　　　　　　　　　　　　　） 【有期雇用特別措置法による特例の対象者の場合】 無期転換申込権が発生しない期間：Ⅰ（高度専門）・Ⅱ（定年後の高齢者） 　Ⅰ　特定有期業務の開始から完了までの期間（　　年　か月（上限10年）） 　Ⅱ　定年後引き続いて雇用されている期間
就業の場所	**本社商品開発部**
従事すべき業務の内容	**商品企画の開発、販促方法の検討** 【有期雇用特別措置法による特例の対象者（高度専門）の場合】 ・特定有期業務（　　　　　開始日：　　　　完了日：　　　）
始業、終業の時刻、休憩時間、就業時転換（(1)～(5)のうち該当するもの一つに○を付けること。）、所定時間外労働の有無に関する事項	1　始業・終業の時刻等 (1) 始業（ **9** 時 **00** 分）　終業（ **18** 時 **00** 分） 【以下のような制度が労働者に適用される場合】 (2) 変形労働時間制等；（　）単位の変形労働時間制・交替制として、次の勤務時間の組み合わせによる。 　・始業（　時　分）終業（　時　分）　（適用日　　　　　　） 　・始業（　時　分）終業（　時　分）　（適用日　　　　　　） 　・始業（　時　分）終業（　時　分）　（適用日　　　　　　） (3) フレックスタイム制；始業及び終業の時刻は労働者の決定に委ねる。 　（ただし、フレキシブルタイム（始業）　時　分から　時　分、 　　　　　　　　　　　　　　　（終業）　時　分から　時　分、 　　　　　　　　　　　コアタイム　　　　時　分から　時　分） (4) 事業場外みなし労働時間制；始業（　時　分）終業（　時　分） (5) 裁量労働制；始業（　時　分）終業（　時　分）を基本とし、労働者の決定に委ねる。 ○詳細は、就業規則第○条～第　条、第　条～第　条 2　休憩時間（ **60** ）分 3　所定時間外労働の有無（(有)、　無）
休　日	・定例日；毎週 **日** 曜日、(国民の祝日)、その他（ **12/30～1/3, 8/13～15** ） ・非定例日；週・月当たり　　日、その他（　　　　　　　　　　） ・1年単位の変形労働時間制の場合—年間　　　日 ○詳細は、就業規則第○条～第　条、第　条～第　条
休　暇	1　年次有給休暇　6か月継続勤務した場合→ **10** 日 　　　継続勤務6か月以内の年次有給休暇（(有)・無） 　　　→　か月経過で　　日 　　　時間単位年休（有・無） 2　代替休暇（有・無） 3　その他の休暇　有給（　　　　　　　　　） 　　　　　　　　　無給（ **慶弔休暇等** 　） ○詳細は、就業規則第△条～第□条、第　条～第　条

（次頁に続く）

賃　金	1 基本賃金　イ 月給（ 257,000 円）、ロ 日給（　　　　円） 　　　　　　ハ 時間給（　　　　円）、 　　　　　　ニ 出来高給（基本単価　　　円、保障給　　　円） 　　　　　　ホ その他（　　　　円） 　　　　　　ヘ 就業規則に規定されている賃金等級等 　　　　　　　[　　　　　　　　　　　　　　　　　　　] 2 諸手当の額又は計算方法 　　イ（皆勤手当 10,000円　／計算方法：無遅刻・無欠席の場合　） 　　ロ（通勤手当 32,630円　／計算方法：通勤定期券代の実費　　） 　　ハ（住宅手当 12,000円　／計算方法：家賃月額の2割相当　　） 　　ニ（　　手当　　　円　／計算方法：　　　　　　　　　　　） 3 所定時間外、休日又は深夜労働に対して支払われる割増賃金率 　　イ 所定時間外、法定超　月60時間以内（ 25 ）% 　　　　　　　　　　　　　月60時間超　（ 50 ）% 　　　　　　　　　所定超　（ 25 ）% 　　ロ 休日　法定休日（ 35 ）%、法定外休日（ 25 ）% 　　ハ 深夜（ 25 ）% 4 賃金締切日（基本給）－毎月20日、（手当）－毎月20日 5 賃金支払日（基本給）－毎月25日、（手当）－毎月25日 6 賃金の支払方法（　　口座振込み　　　　） 7 労使協定に基づく賃金支払時の控除（無，有（親睦会費）　　） 8 昇給（時期等　毎年4月業務実績を勘案の上、決定　　　　　） 9 賞与（有（時期、金額等　　　　　　　　　）,　無　　） 10 退職金（有（時期、金額等　　　　　　　　）,　無　　）
退職に関する事項	1 定年制　（有　（65歳），無　） 2 継続雇用制度（有（　歳まで），無） 3 自己都合退職の手続（退職する 14 日以上前に届け出ること） 4 解雇の事由及び手続 　　　　　　[　　　　　就業規則による　　　　　　] 〇詳細は、就業規則第　条～第　条、第　条～第　条
その他	・社会保険の加入状況（厚生年金　健康保険　厚生年金基金　その他（　　）） ・雇用保険の適用（有，無） ・その他[　　　　　　　　　　　　　　　　　　　　　] ※以下は、「契約期間」について「期間の定めあり」とした場合についての説明です。 　労働契約法第18条の規定により、有期労働契約（平成25年4月1日以降に開始するもの）の契約期間が通算5年を超える場合には、労働契約の期間の末日までに労働者から申込みをすることにより、当該労働契約の期間の末日の翌日から期間の定めのない労働契約に転換されます。ただし、有期雇用特別措置法による特例の対象となる場合は、この「5年」という期間は、本通知書の「契約期間」欄に明示したとおりとなります。

※ 以上のほかは、当社就業規則による。
※ 労働条件通知書については、労使間の紛争の未然防止のため、保存しておくことをお勧めします。

9 就業規則や賃金規程は必ずチェックされる

想定外の残業代を支払う義務を負わないように書き方には注意する

● 法定労働時間を意識した規定にする

　就業規則とは、労働者の待遇、採用、退職、解雇など人事の取扱いや服務規定、福利厚生、その他の内容を定めたものです。労働条件については労働基準法に定めがありますが、就業規則、労働協約(労働組合が労働条件を向上させるために使用者との間で書面により結んだ協定)、労働契約で個別に労働条件について規定することができます。労働基準法はあくまで最低限の条件を定めたものですから、労働者にとって有利になるような規定を就業規則に置くことは問題ありません。

　たとえば、「労働時間」についてですが、労働基準法は「1週間40時間まで」「1日8時間まで」と定めています(32条)。労働時間については、労働基準法が定めている上限を超えないようにしなさい、ということです。したがって、それまでは「1週間40時間まで」「1日8時間まで」と就業規則で定めていた会社が、社員の労働時間について、就業規則の規定を「1週間38時間まで」「1日7時間まで」などと変更した場合には、社員にとって不利益な変更ではありませんから、問題ありません。

● 賃金規程はどのように規定されている

　賃金に関する事項は、多岐にわたり、細かな規程になりやすく、また情勢によって改定も必要になることが多いので、就業規則とは別の規程として作成するのが一般的です。これによって就業規則の本則が繁雑になることを防ぐことができます。ただし、就業規則の一部であることに変わりはありませんから、本規則と同時に作成して、かつ労

働基準監督署への届出もしなければなりません。また、就業規則の作成手続についての規定は賃金規程（給与規程ともいいます）にも適用されますから、賃金規程の変更の際には労働者の意見を聴く必要があります。また、労働者に対しては、賃金規程の内容を周知させなければなりません。

■ 就業規則の記載事項

絶対的必要記載事項

労働時間等	始業・終業の時刻、休憩時間、休日、休暇、交替勤務の要領
賃　　金	決定・計算・支払の方法、締切、支払の時期、昇給について
退　　職	身分の喪失に関する事項…任意退職、解雇、定年など

相対的必要記載事項

退職手当	退職金・退職年金が適用となる労働者の範囲、決定・計算・支払の方法と適用時期
臨時賃金など	臨時の賃金の支給条件と時期、最低賃金額
食事・作業用品などの負担	
安全衛生	
職業訓練	
災害補償、業務外の傷病扶助	
表彰・制裁	
その事業場の労働者すべてに適用する定めを作る場合は、その事項（たとえば、服務規律、配置転換・転勤・出向・転籍に関する事項）	

（就業規則に規定しないと懲戒できない）

任意的記載事項

労働基準法に定められていない事項でも記載するのが望ましいもの
企業の理念や目的、採用に関する事項、など

労働基準監督官の調査では、就業規則の本則だけでなく賃金規程も調査の対象となります。賃金規程を作成する場合、必ずしもひとつの賃金規程を全従業員に適用する必要はありません。たとえば、パート社員用の賃金規程を別に作成することもできます。ただ、正社員とパート社員の賃金規程を分ける場合は、どのような種類の労働者に適用されるかを明確にしておく必要があります。

● 就業規則や賃金規程を作成するときの注意点

　就業規則や賃金規程についての規定で労働基準監督官による調査の際に問題となりやすいのは、時間外労働に関する規定でしょう。特に、時間外労働に対して支払う割増賃金の算定基準については、諸手当との兼ね合いで問題となりやすいといえます。

① 　手当についての規定

　手当は、基本給の基本的な賃金の機能を補完するものとして付加的に支給される賃金です。手当も、原則として割増賃金の基礎となる賃金に含まれますが、通勤手当や子女教育手当、住宅手当など割増賃金の計算の基礎から除かれるものも定められています（労働基準法施行規則21条）。また、営業手当など職種に関連して支給する手当については、その手当に割増賃金が含まれているかどうかを明確に示す必要があります。営業手当に一定の割増賃金分を含めて支給する場合には、割増賃金の割増手当に含まれることを明記するとともに、それが時間外・深夜・休日労働の全部に相当するか、あるいは一部に相当するか（たとえば休日労働は営業手当に含めず別途支給するなど）そして何時間分の労働時間に相当するのか、といった詳細を明確にして事前に労働者に伝えておかなければなりません。

② 　給与の支払方法についての規定

　給与の支払日については、就業規則に必ず記載しなければなりません。また、支払いは、毎月1回以上・一定期日払いが原則となってい

ます。ただし、支払日を一定の日に定めたとしても、その日が会社の休日や金融機関の休業日に該当する場合には、事実上支払いができなくなるため、支払日を繰り上げるか繰り下げるかを規定しておきます。

③　給与の支払方法についての規定

給与の支払方法も、就業規則の絶対的必要記載事項です。給与の支払いには通貨払いの原則が適用されますから、給与を銀行振込みにするためには、労働者の個別の同意が必要になります。

給与については、算定の単位により時給制、日給制、月給制という形態があります。このうち、給与が月の一定期日に締め切られ、その後一定の期日に支払われるものが月給制です。たとえば、「20日締めの25日払い」「末日締め翌月10日払い」といったようなケースです。

月給制をとりながら基本給の額が日額で定められている場合を、日給月給制といいます。大半の労働者は、この日給月給制に該当します。

④　賃金の計算方法についての規定

賃金の計算方法も、就業規則に必ず記載しなければなりません。賃金規程には、労働者が所定労働時間の労働をしなかった場合に、月給全額を支払うのかどうか、支払わない場合は、賃金をどのような計算方法で減額するのかを明らかにしておく必要があります。

■ **賃金規程を作成する際のポイント**

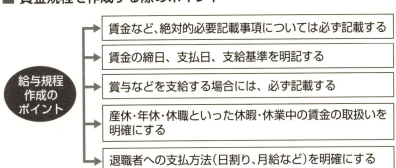

⑤ 賃金の全額払いと控除についての規定

　賃金には全額払いの原則がありますが、例外として、使用者は、税金、社会保険料等を賃金から差し引いて賃金を支払うことが法律上認められています。また、使用者は、賃金控除に関する労使協定を締結し、控除の事由、時期、金額などを定めたときは、その定めにしたがって賃金から控除を行うことが認められています。社宅・寮の使用料、福利厚生施設の利用料などを控除している例が多いようです。

⑥ 昇給についての規定

　労働者に支払う賃金の昇給に関する事項は、就業規則に必ず記載しなくてはならない絶対的必要記載事項です。

　また、査定によって賃金を下げることになる降給については、労働基準法にその記載はありませんが、会社独自に制度として設けるのであれば、その旨を就業規則に記載する必要があります。

⑦ 賞与についての規定

　賞与を支給する場合には、臨時の賃金として就業規則への記載が必要になります。賞与は、基本的には支給対象期間の勤務に対応する賃金といえますが、そこには功労報償的意味もあると考えられます。

　なお、会社の経営状況が悪く、賞与が支給できないこともあります。そのような場合も想定して規定しなければなりません。

● たとえ就業規則に規定されていなくても残業代は発生する

　時間外労働については、会社の実情にあわせてさまざまな規定の仕方が考えられます。時間外労働の上限を定めている場合、あるいは、時間外労働をすることを認めない、といった記載をする会社もあります。また、時間外労働を行う場合には事前に申請して上司の許可を得なければ行うことができない、とする会社もあります。一方、就業規則に時間外労働についての記載がないこともあります。

　このようなケースにおいて、就業規則で定めている時間の上限を超

えた時間外労働や、事前に申請していない、あるいは上司の許可を得ずに行われた時間外労働については残業代を支払わなくてもよい、と考えている経営者もいるようです。しかし、最高裁の判例によると、労働者が行ったこうした時間外の労働が、会社の指揮命令下におかれていた、と判断できる場合には、その労働は労働基準法上の労働時間に該当するものとされています。したがって、その労働時間が時間外労働となる場合には、割増賃金を支払わなければなりません。

■ 時間外労働の取扱いについて定める場合の規定例

割増賃金の計算方法（計算式）

$$\frac{基本給 + 各種手当（割増賃金算出の基礎に含めるもののみ）}{1か月の平均所定労働時間} \times 1.25 \times 時間外労働時間$$

職務に関する手当など

営業手当・外勤手当

※就業規則・賃金規程での定め方によって該当する場合としない場合がある

手当を割増賃金算出の基礎となる金額に含めなければならない場合	手当を割増賃金算出の基礎となる金額に含めなくてもよい場合
「職務に関する手当＝その職務に対して支払うもの」と規定している場合 **賃金規程の規定例** 第○条 外勤職の社員に、外勤手当として月額3万円を支給する。	「職務に関する手当＝時間外労働の割増賃金の一部として支払うもの」と規定している場合 **賃金規程の規定例** 第○条 1　外勤職の社員に、外勤手当として月額3万円を支給する。 2　前項の外勤手当は、時間外・深夜労働、休日労働の割増賃金の割増手当として支給するものとする。

第6章　労基署調査前の準備と調査後の流れ

なお、労働時間については、制服の着用を義務づけている会社では就業規則で勤務時間より前に制服に着替えるように定めているケースがあります。このような準備行為についても、会社側の指揮命令下に置かれていると判断できる場合には、労働時間として判断されます。

● 労働条件を不利益に変更する場合には注意が必要

経営状況が思わしくない場合には、さまざまな方法で経費を削減する必要に迫られますが、就業規則の内容を見直してみることも必要です。会社の状況に見合わないような好条件を社員に与えていたり、残業規定に不備があって仕事のできる社員の賃金ができない社員の賃金より低くなっていることがあるからです。こうした規定がある場合、就業規則を会社の現状と社員の能力に見合った適切なものに変更することも検討すべきです。

労働者を不利益にする方向で就業規則を変更する場合には、原則として労働者との合意が必要です。ただし、変更後の就業規則が合理的なものであれば、労働者との合意がなくても就業規則の変更により労働者の労働条件を不利益に変更することも可能です（労働契約法9、10条）。法律の定める手続きを経て就業規則が変更されたのかどうかも労働基準監督署のチェックの対象になるので注意が必要です。

仕事のできる社員に支払う賃金を上げたい場合には、就業規則を変更せずにすむ方法をとることで、万が一その社員への賃金を下げることになっても問題となりにくい方法をとるべきでしょう。

具体的には、賞与で調整するのが一般的です。労働者に賞与を支給するかどうかは、使用者に委ねられています。ただし、就業規則などで賞与の支給基準が明確に示されており、その基準から判断すると、賞与を支給しないケースに該当しないと判断される場合には、使用者の恣意的調整が認められませんので、気を付けなければなりません。

10 年次有給休暇の管理簿をチェックする

年次有給休暇は取得しやすい環境と制度を作ることが重要

◉ 休暇管理簿を作成しているか

　会社は労働者が**年次有給休暇**をとりやすいように努めなければなりません。これは、年次有給休暇を取得することが、労働者の健康を維持する上で、また過重労働を防止する上で有意義だと考えられているからです。会社が年休の取得を可能な限り奨励することで、リフレッシュ効果が生じることや従業員のモチベーションが高まることが期待できます。また、有給休暇を取得するためにその前後の業務を効率的に行うことで、各社員の作業効率が上がることも期待できます。

　年次有給休暇を管理するには、通常の出勤簿に記録する他、休暇管理簿を作成するとよいでしょう。ただし、作成した休暇管理簿や通常の出勤簿は、3年間保存しておかなければならないので、作成したままにすることのないように注意してください。

　特に、労働者全体の年次有給休暇取得率が低い会社の場合には、日々の出退勤を記録する通常の出勤簿とは別に、年次有給休暇の取得状況を一覧できるような休暇管理簿（209ページ）を作成するとよいでしょう。年次有給休暇の取得状況を一覧すると、取得状況がどうなっているのか、視覚的に把握することができます。

　現状を把握してやはり取得率が低いことが判明した場合には、従業員の年次有給休暇取得率を上げるための対策を練ります。そのためには、1年の業務の流れを洗い出して、各労働者が休暇を取得しても業務に支障のない時期を確認してください。有給休暇を取得しやすい時期を確認したら、その時期に計画的に休暇を取るように、社員に促すとよいでしょう。また、管理者に対して、部下が年次有給休暇を計画

的に取得できるようにある程度の管理をさせる方法も有効です。

◉ 年休の計画的付与には労使協定が必要

　休暇管理簿を作成し、部下が年次有給休暇を取得しやすいように管理者が対応しても、なかなか有給休暇の取得がなされない場合には、一定の日数分について、強制的に付与する方法も検討するとよいでしょう。年休のうち5日を超える分（たとえば、年休を13日とる権利がある労働者は、そのうち8日間）について、使用者は労働者個人の意思にかかわらず労使協定（労働者の過半数で組織する労働組合がある場合にはその労働組合、労働者の過半数で組織する労働組合がない場合には労働者の過半数を代表する者と使用者との書面による協定）で決めた日を有給休暇の日と定めることができます。これを年休の計画的付与といいます。年次有給休暇を計画的に付与する場合、事前に労使協定を結んでおく必要があるので、この点には注意が必要です。

　年休の計画的付与の方法として、①事業場全体の休業による一斉付与方式、②グループ別の付与方式、③年休付与計画表による個人別付与方式の3つがあります。たとえば①の一斉付与方式を利用すれば、ゴールデンウィークに一斉に有給休暇を取って会社全体で連続の休みにすることができます。

　この制度を活用すれば、使用者側には年休の日程を計画的に決めることができるというメリットがあります。また労働者側にも忙しかったり、年休を取りにくい職場の雰囲気の中でも有給休暇が取りやすくなり、年休の取得率が向上し、労働時間の短縮につながるというメリットがある一方、自分の都合のよい日を自由に有給休暇に指定することができなくなるというデメリットもあります。

　なお、労使協定によって年休の計画的付与を決めた場合には、労働者の時季指定権も使用者の時季変更権もともに使えなくなります。

書式　年次有給休暇記録・管理簿

年次有給休暇記録・管理簿

所属	第一システム部	入社日	H21.10.1
氏名	北風　太陽	平成26年3月31日現在勤続年数	4年6か月

平成25年度付与日数		
付与年月日 H25.4.1	14日	
有効期間	H26.3.31まで	
平成26年度付与日数		
付与年月日 H26.4.1	16日	
有効期間	H27.3.31まで	

取得申出日	取得日	日数	平成25年度残日数	平成26年度残日数	本人印	上長印	特記事項
			3	16	北風	南川	
26.7.25	26.8.19	1	2	16	北風	南川	

有給休暇を与えた場合の賃金の算定方法はどのようになっているのでしょうか。

 年次有給休暇を与えた場合の賃金の算定方法として、以下の①平均賃金、②所定労働時間労働した場合に支払われる通常の賃金、③健康保険法40条1項に定める標準報酬日額に相当する金額、の3つがあります（労働基準法39条7項）。いずれを選択するかは、就業規則などの規定によりますが、一般的に②を選択しているケースが多いようです。

① 平均賃金

年次有給休暇を取得する際の平均賃金の算定は、「年次有給休暇を取得した日（2日以上のときは、最初の日）」を「算定すべき事由の発生した日」として行います。

② 所定労働時間労働した場合に支払われる通常の賃金

所定労働時間労働した場合に支払われる通常の賃金の算定方法は、労働基準法施行規則25条に規定されています。

これによると、時給900円で7時間働く場合は900×7＝6300円、日給6,000円の場合は6,000円、週給5万円で週5日働く場合は5万円÷5＝1万円、月給22万円で月20日働く場合は22万円÷20＝1万1,000円、などの形で1日分の賃金を算定します。このことから変形労働をとり入れている場合であっても、必ず基準となる所定労働時間を定めておく必要があります。

③ 健康保険法40条1項に定める標準報酬日額に相当する金額

標準報酬日額とは、標準報酬月額の30分の1に相当する額をいいます。標準報酬月額とは、月々の賃金を区切りのよい幅で区分したものをいい、健康保険料や厚生年金保険料を算定する際に使用されます。

③の方法によって支払う場合は、使用者は、労働者の過半数で組織する労働組合などと、書面による協定を締結する必要があります。

11 安全衛生管理をチェックする

事業者は労働者の健康と作業環境の維持に取り組まなければならない

● どのようなことがチェックされるのか

　労働安全衛生法では、事業場の業種や規模によって安全・衛生の管理責任者を選任することを義務づけています。安全・衛生管理責任者の選任が義務づけられているのは、各事業場で安全や衛生についての知識や経験のある責任者を中心に労働災害を防止し、労働者の健康の保持などに取り組む体制を作るためです。**安全衛生管理体制**には、一般の会社に要求される安全衛生管理体制と、請負の関係で働く場合（建設業や土木業など）の安全衛生管理体制の2つがあります。

● 総括安全衛生管理者と役割

　一般の会社の安全衛生管理体制では、一定の業種、規模（労働者数）の事業場について管理責任者の選任と委員会の組織化を求めています。**総括安全衛生管理者**とは、安全管理者、衛生管理者を指揮し、安全衛生についての業務を統括管理する最高責任者です。工場長などのようにその事業場において、事業の実施を実質的に統括管理する権限と責任をもっている者が該当しますが、選任義務のない事業場の場合は、事業主がその責任を負うことになります。

　総括安全衛生管理者を選任しなければならない業種と事業場の規模については217ページの表の通りです。また、総括安全衛生管理者の具体的な職務は以下に挙げる事項となっています。
・労働者の危険・健康障害を防止する措置に関する事項
・労働者の安全・衛生のための教育実施に関する事項
・安全衛生に関する方針の表明

第6章　労基署調査前の準備と調査後の流れ

・安全衛生計画の作成・実施・評価・改善に関する事項
・健康診断の実施に関する事項と健康の保持・増進のための措置に関する事項
・労働災害が発生した際の原因調査と再発防止対策に関する事項
・化学物質の危険性・有害性の調査とその結果に基づいて行う措置に関する事項
・その他労働災害の防止に必要な措置に関する事項

● 安全管理者と役割

安全管理者は、事業場の安全についての事項を実際に管理する専門家です。安全管理者になるには、実務経験が必要になります。製造業や林業、建設業などの一定の業種で常時使用する労働者の数が50人以上の事業場においては、安全管理者を選任しなければなりません。安全管理者には、労働安全コンサルタントか、厚生労働大臣の定める研修を修了した者で、以下のいずれかにあてはまる者が選任されることになっています。

・大学の理科系の課程を修め、卒業後2年以上産業安全の実務を経験した者
・高等学校等の理科系の課程を修め、卒業後4年以上産業安全の実務を経験した者
・その他厚生労働大臣が定める者

また、一定の業種と規模の事業場においては、安全管理者を専任で置かなければならないことになっています。

安全管理者の具体的な職務内容は、以下に挙げる事項です。

・建設物、設備、作業場所、作業方法に危険がある場合において応急措置や適当な防止措置を行うこと
・安全装置・保護具その他危険防止のための設備・器具を定期的に点検すること

- 作業の安全についての教育・訓練を実施すること
- 災害が発生した場合にその災害原因を調査し対策を検討すること
- 消防・避難の訓練を行うこと
- 作業主任者（216ページ）その他安全に関する補助者を監督すること
- 安全に関する資料を作成・収集し重要事項を記録すること

● 衛生管理者と役割

　衛生管理者は、事業場の衛生についての事項を実際に管理する専門家で、衛生管理者となるためには資格が必要です。衛生管理者は、他の管理者と異なり、業種を問わず常時使用する労働者の数が50人以上の事業場においては、選任が義務づけられています。衛生管理者は、事業場の規模に応じて複数人選任しなければなりません。

　具体的には事業場の規模（常時使用している労働者の人数）が50〜200人で1人、201〜500人で2人、501〜1,000人で3人、1,001〜2,000人で4人、2,001〜3,000人で5人、3,001人以上で6人の衛生管理者を選任しなければなりません。

　このうち、常時使用する労働者の数が1,001人以上の事業場はどの業種であっても選任した衛生管理者のうちの1人を専任で置かなければなりません。坑内労働や一定の有害な業務に501人以上の労働者を常時使用している事業場も同様に専任の衛生管理者を置く必要があります。衛生管理者の具体的な職務内容は以下に挙げる事項です。

- 作業環境の衛生状態の調査
- 衛生上問題のある作業条件・施設の改善
- 衛生に関する労働者の教育と健康相談、労働者の健康を維持するのに必要な事項の実施
- 健康に問題が生じている労働者の発見と措置
- 労働者の負傷・疾病・死亡・欠勤・異動に関する統計資料の作成
- 衛生管理者の職務上の記録と保護具・救急用具の整備と点検

◉ 安全衛生推進者・衛生推進者

小規模事業場（10人以上50人未満）で、安全管理者や衛生管理者に代わるものとして**安全衛生推進者・衛生推進者**の選任が義務づけられています。

林業、鉱業、建設業などの安全管理者の選任が義務づけられている業種の小規模事業場については、安全衛生推進者を選任します。一方、衛生管理者のみの選任が要求されている業種の小規模事業場については、衛生推進者を選任することになります。

◉ 安全委員会と役割

安全委員会は、労働者の意見を反映させるために設置します。安全委員会は、表（次ページ）に記載した一定人数以上の労働者を雇用している業種の事業場では設置しなければならないことになっています。

安全委員会の役割は、安全に関する事項について調査・審議を行った上で、事業主に対して意見を述べることです。労働者に危険が及ぶ可能性の高い作業現場においては、労災の発生を未然に防ぐための対応をはじめ、急速な技術革新に伴って激変する現場環境下で安全に作業するための環境の確保と変化に伴う労働者のストレスの軽減など、求められる役割は多岐にわたります。安全委員会と次項の衛生委員会については、別々に設置することもできますが、両方の機能を備えた組織を安全衛生委員会として設置することもできます。

◉ 衛生委員会と役割

衛生委員会は、労働者の意見を反映させるために設置します。具体的には、衛生に関する事項について調査・審議を行い、事業主に意見を述べます。衛生委員会は、常時使用している労働者が50人以上の事業場においては、業種に関わりなく必ず設置しなければならない、とされています。労働者の高齢化が進んでいる職場では、労働者の健康

対策をとったり心身機能の低下による労災発生を予防するために適切な対応をとることが求められています。

　また、労働者が過重労働を強いられている場合には、疲労やストレスなどによって労働者の健康状態に問題が生じる可能性が高いため、職場の環境と労働者の状況を正確に把握して改善するように働きかけていくことも求められています。

● 産業医を設置しないといけない場合と報告の仕方

　産業医は、医師として労働者の健康管理を行います。産業医には、月に一度以上作業場を巡回することが義務づけられています。産業医は作業場における作業方法・衛生状態を確認し、労働者にとって有害であると判断した場合や有害な結果をもたらす恐れがあると判断した場合には、労働者が健康障害を起こさないようにするために必要な措置を講じなければなりません。産業医が労働者の健康管理を効果的に進めるためには、健康診断の実施、健康障害の調査、再発防止のための対策の樹立など、医師の医学的活動が不可欠です。

　そこで、常時50人以上の労働者を使用するすべての業種の事業場の

■ 安全委員会を設置しなければならない事業場

業　種	従業員の規模
林業、鉱業、建設業、製造業（木材・木製品製造業、化学工業、鉄鋼業、金属製品製造業、運送用機械器具製造業）、運送業（道路貨物運送業、港湾運送業）、自動車整備業、機械修理業、清掃業	50人以上
上記以外の製造業、上記以外の運送業、電気業、ガス業、熱供給業、水道業、通信業、各種商品卸売業、家具・建具・じゅう器等卸売業、家具・建具・じゅう器小売業、各種商品小売業、燃料小売業、旅館業、ゴルフ場業	100人以上

事業者は、産業医を選任し、労働者の健康管理その他の事項を行わせなければならないとしています。

また、常時使用する労働者が3,001人以上となる事業場の場合には、産業医を2人以上選任しなければなりません。なお、常時使用する労働者が1,000人以上の事業場と500人以上の常時使用する労働者を一定の有害な業務に就かせている事業場に設置する産業医については、専属の者を設置する必要があります。

産業医の設置が義務づけられている事業場は、産業医を設置したことを労働基準監督署に届け出なければなりません。事業場で産業医を登録した際には、「総括安全衛生管理者・安全管理者・衛生管理者・産業医専任報告」という報告書（218ページ）を作成し、必要事項を記載した上で労働基準監督署に提出します。

◉ 作業主任者について

高圧室内作業やボイラーの取扱い作業など、特に危険・有害な業務のうち、政令で定めるものについて**作業主任者**の選任が必要です。

◉ 請負の関係で労働させる場合の安全衛生管理体制

安全衛生管理体制には、一般の会社の安全衛生管理体制と請負の関係で労働させる場合の安全衛生管理体制があります。

このうち、建設や造船を請け負う業者で、労働者数が常時50人以上（ずい道等の建設、橋梁の建設、圧気工法による作業では常時30人以上）である場合には、統括安全衛生責任者を選任しなければなりません。その他、必要に応じて、元方安全衛生管理者、安全衛生責任者、店社安全衛生管理者を選任することになります。

たとえば、建設工事では、施主から工事を請け負った元請け企業が、仕事の一部を下請けに出し、さらに、そこから孫請けに出すという「重層構造」の請負形態が混在することが少なくありません。こう

した下請混在作業では、責任の所在が不明瞭になりがちです。そのため、建設工事などのような業種には一般の会社の安全衛生管理体制とは異なる安全衛生管理体制の構築が求められているのです。

■ 労働安全衛生法で配置が義務づけられているスタッフ

業　種	規模・選任すべき者等
製造業(物の加工を含む)、電気業、ガス業、熱供給業、水道業、通信業、自動車整備及び機械修理業、各種商品卸売業、家具・建具・じゅう器等小売業、燃料小売業、旅館業、ゴルフ場業	①10人以上50人未満 　安全衛生推進者 ②50人以上300人未満 　安全管理者、衛生管理者、産業医 ③300人以上 　総括安全衛生管理者、安全管理者、衛生管理者、産業医
林業、鉱業、建設業、運送業及び清掃業（建設業の内、ずい道（トンネル）工事、圧気工事、橋梁工事で、労働者が20人以上30人未満の場合、若しくは鉄骨造又は鉄骨鉄筋コンクリート造の建設工事で労働者数が常時20人以上50人未満の場合は別に、店社安全衛生管理者が必要）	①10人以上50人未満 　安全衛生推進者 ②50人以上100人未満 　安全管理者、衛生管理者、産業医 ③100人以上 　総括安全衛生管理者、安全管理者、衛生管理者、産業医
上記以外の業種	①10人以上50人未満 　衛生推進者 ②50人以上1000人未満 　衛生管理者、産業医 ③1000人以上 　総括安全衛生管理者、衛生管理者、産業医
建設業及び造船業であって下請が混在して作業が行われる場合	①現場の全労働者数が50人以上の場合（ずい道、圧気工事、橋梁工事については30人以上） 　統括安全衛生責任者、 　元方安全衛生管理者 ②統括安全衛生責任者を選任すべき事業者以外の請負人 　安全衛生責任者

第6章　労基署調査前の準備と調査後の流れ

書式 総括安全衛生管理者・安全管理者・衛生管理者・産業医選任報告

様式第3号(第2条、第4条、第7条、第13条関係)

総括安全衛生管理者・安全管理者・衛生管理者・産業医選任報告

労働保険番号	80401	13105012345000	ページ / 総ページ

- 事業場の名称: 株式会社 東西商事
- 事業の種類: 卸売業
- 衛生管理者の事業場: 抗内労働又は有害業務(労働基準法施行規則第18条各号に掲げる業務)に従事する労働者数 0人
- 事業場の所在地: 郵便番号(101-0101) 東京都中央区中央1-1-1
- 抗内労働又は労働基準法施行規則18条第1号、第3号から第5号まで若しくは第9号に掲げる業務に従事する労働者数 0人
- 電話番号: 03-2468-1357
- 労働者数: 74 計
- 産業医の場合は、労働安全衛生規則第13条第1項第2号に掲げる業務に従事する労働者数

- フリガナ: ホッカイ カズオ
- 被選任者氏名: 北海 一男
- 選任年月日: 7:平成 元号 72 年 11 月 01 日
- 生年月日: 1:明治 3:大正 5:昭和 7:平成 → 元号 54 年 10 月 03 日
- 選任種別: 3 (1.総括安全衛生管理者 2.安全管理者 3.衛生管理者(4以外の者) 4.衛生管理者(衛生工学管理担当) 5.産業医)

- 安全管理者又は衛生管理者の場合は担当すべき職務: 衛生管理一般に関すること
- 専属の別: 1 (1.専属 2.非専属) 他の事業場に勤務している場合は、その勤務先
- 専任の別: 2 (1.専任 2.兼職) 他の業務を兼職している場合は、その業務 総務部長

- 総括安全衛生管理者又は安全衛生管理者の場合は安全衛生管理の経歴の概要
- 産業医の場合は医籍番号等

- フリガナ:
- 前任者氏名:
- 辞任、解任等の年月日: 7:平成 元号   年   月   日
- 参考事項:

平成27年 11月 10日

東京 労働基準監督署長殿

事業者職氏名 代表取締役 南川次郎 ㊞

受付印

(物品番号 648005) 22.6

12 健康診断の実施状況をチェックする

健康診断の実施と健康情報の取扱いに注意する

● 健康診断の実施と報告の仕方

　労働基準監督署の調査の対象は、労働基準法に関する事項だけではありません。労働安全衛生法に関する事項も調査の対象になります。

　この労働安全衛生法の規定によって、会社は、**健康診断**の実施と報告が義務づけられています。

　具体的には、労働者を雇い入れるときと、雇入れ後は1年に1回以上、定期的に健康診断を実施しなければなりません。

　また、常時50人以上の労働者を使用している会社の場合には、健康診断を行ったときに届出をする定期健康診断結果報告書（221ページ）を提出しなければなりません。

　労基署は、会社が健康診断を適切に実施し、また報告を適切に行っているか、確認します。

　労基署の担当者は、調査の際には、週30時間以上勤務している労働者（正社員だけでなく、契約社員やパートタイマーなども含まれます）への健康診断の実施状況を確認し、常時使用している労働者に関しては、健康診断が1年に1回以上定期的に行われているかどうかを確認します。

　会社がこれを怠っていた場合には、労働安全衛生法違反となり、指導を受けることになります。

● 健康情報を取り扱う際の注意点

　健康診断を実施する場合、会社が労働者の健康情報を取り扱うことになります。

この健康情報を取り扱う際に注意すべき事項あるいは望ましい内容については、厚生労働省から以下の内容の通達が出ているので、参考にしてください。

・健康情報を取得する目的を明らかにして労働者本人の承諾を得るようにする
・健康情報については、本人から提出を受けるのが望ましい
・産業保険業務事業者以外の者が健康情報を取り扱う際には、利用目的の達成に必要な範囲内に限定するように加工する
・健康情報の結果に基づいて労働者に対して診断や保健指導を行う場合には産業医などの専門家が行うのが望ましい
・健康情報の取扱いに関する規程を労働組合などと協議して作成するのが望ましい
・HIV感染症、B型肝炎など、社内で感染する恐れの低い感染症や遺伝子情報については労働者から取得すべきではない

■ 健康診断の実施

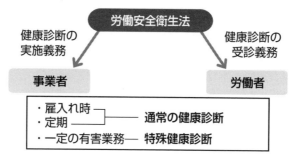

書式　定期健康診断結果報告書

様式第6号(第52条関係)(表面)

定期健康診断結果報告書　《記入要領は裏面参照》

労働保険番号：80311

対象年：7:平成 元727（1月～11月分）（報告1回目）

健診年月日：7:平成 元7271115

事業の種類：卸売業

事業場の名称：株式会社 東西商事

郵便番号(101-0101)
事業場の所在地：東京都中央区中央1-1-1　電話 03(2468)1357

健康診断実施機関の名称：中央健診センター

健康診断実施機関の所在地：中央区中央2-4-6

在籍労働者数：74
受診労働者数：74

(*) 労働安全衛生規則第13条第1項第2号に掲げる業務に従事する労働者数（右に詰めて記入する）

イ、ロ、ハ、ニ、ホ、ヘ、ト、チ、リ、ヌ、ル、ヲ、ワ　計

健康診断項目

項目	実施者数	有所見者数	項目	実施者数	有所見者数
聴力検査(オージオメーターによる検査)(1000Hz)	74		肝機能検査	74	3
聴力検査(オージオメーターによる検査)(4000Hz)	74		血中脂質検査	74	2
聴力検査(その他の方法による検査)			血糖検査		
胸部エックス線検査	74	7	尿検査(糖)	74	
喀痰検査		6	尿検査(蛋白)		
血圧	74		心電図検査	42	
貧血検査	4				

所見のあった者の人数：12　医師の指示人数：2

歯科健診　実施者数　有所見者数

産業医

氏名：山中一郎　㊞

所属医療機関の名称及び所在地：山中クリニック　中央区中央3-1-16

平成27年12月16日

東京 労働基準監督署長殿

事業者職氏名　代表取締役　南川次郎　㊞

社長又は事業場の長（支店長、営業所長など）の役職名、氏名及び押印が必要です（物品番号 647005）21.12

受付印

第6章　労基署調査前の準備と調査後の流れ

ストレスチェックが義務化されたようですが、実施していない場合にはどうなるのでしょうか。

 ストレスチェックは平成27年12月から施行されている制度で、いわば定期健康診断のメンタル版です。

　まずは、平成28年11月末までに第1回目のストレスチェックを実施することが求められています。会社側が労働者のストレス状況を把握することと、労働者側が自身のストレス状況を見直すことができる効果があります。

　ストレスチェックは義務のようにも思えますが、ストレスチェックを受けることは労働者の義務ではありません。ストレスチェックはメンタルヘルスの不調者を防ぐための防止措置であるため、会社は拒否をする労働者に対して、ストレスチェックによる効果や重要性について説明した上で、受診を勧めることが可能です。ただし、あくまでも「勧めることができる」のであり、強要することや強制することは許されません。また、ストレスチェックを拒否した労働者に対して、会社側は不当な解雇や減給などの不利益な取扱いを行ってはいけません。反対に、ストレスチェックによる問題発覚を恐れ、労働者に対してストレスチェックを受けないよう強制することもできません。

　ストレスチェックを実施しなかった場合の会社に科されるペナルティについてですが、ストレスチェックを実施しなかったこと自体についての罰則規定は特に設けられてはいません。しかし、労働基準監督署へ検査結果等報告書を提出しなかった場合は罰則規定の対象になります。この場合、ストレスチェックを実施しなかったとしても、労働基準監督署へ報告書を提出しなければなりません。

　なお、50人未満の会社の場合は、報告書の提出義務は設けられていないため、零細・小規模の会社であれば、罰則の対象になっていません。

13 労働時間の管理を厳しくする

労働者の健康状態を悪化させないように適切に管理しなければならない

● 残業の多い人間に注意する

　それほど仕事量が多くないのに残業が多い場合には、各業務内容について必要な時間やスキルを数値化して、目安を示す必要があるでしょう。その上で、本人の努力を促して、早めに仕事を終えさせるようにする必要があります。

　タイムカードやICカードなど、労働者の労働時間を客観的に記録することができる方法で確認・記録しているケースが多いでしょうが、タイムカードに記録されている時刻は、「労働した時間」の記録として認められるものです。たとえば、正規の就業時間が終わった後だらだらとムダ話をしていて退勤するときに打刻したという場合、終業時間から退勤時間までの間に、残業代が発生することにもなりかねません。このようなことを考えると、打刻時間をすべて経営者側が管理するのは難しいかもしれませんが、少なくとも出勤・退勤の時間ではなく始業・終業の時間に打刻されるよう、管理することは必要です。

● どのくらい残業させると危険なのか

　会社としては、労働者の労働時間を適切な時間にとどめるように管理して、労働者が過労死などの健康障害を起こさないように注意しなければなりません。なお、長時間労働を抑制するため、平成29年中に労働基準法に残業規制を設けることが検討されています（121ページ）。

　よく言われる基準となる数字として、1か月間に「45時間までの残業時間」があります。この45時間という数字は、一般の人が1日7、8時間の睡眠をとった場合に、残業時間にあてられる時間の1か月の

合計です（1日2〜2.5時間×20日間）。この数字は、1日7、8時間睡眠をとることができれば、健康的な生活を維持することができる、とする医学的な見地から算出された数字で、具体的には「1か月45時間の残業時間」とされているのです。

したがって、**1か月の残業時間が45時間を超える場合**には、労働者の健康状態に注意する必要がある、ということです。また、1か月の残業時間が80時間を超えているかどうか、というのも一つの目安となります。この数字は、1日6時間の睡眠をとった場合に残業時間にあてられる時間（1日4時間の残業時間）を基準として、1か月あたり20日間働くものとして算出された数字です。医学的には、1日6時間の睡眠時間を得られていれば虚血性心疾患・脳血管障害という過労死につながる健康障害が生じるリスクは増加しない、とされています。

なお、1か月の残業時間が100時間を超えている場合には、かなり健康上のリスクは高まっているといえます。100時間の残業ということは、1日5時間の残業を1か月あたり20日間行った場合と同等です。

1日5時間の残業をする場合、1日5時間程度の睡眠時間しか確保できていないことになります。これは、1日から通常の勤務時間、食事、通勤などの時間と1日5時間の残業時間を差し引くと1日5時間の睡眠時間となる、という計算に基づいています。医学的には、睡眠時間が1日5時間を切ると、前述の虚血性心疾患・脳血管障害が増加するリスクが高まる、とされています。したがって、残業時間が1月あたり100時間を超える労働者がいる場合には、仮に残業代を支払っていたとしても、安心できません。過労死のリスクが高くなりますから、会社としても労災事故を起こすリスクが高まっているといえるのです。

● 明示的な指示がないと残業代を払わないといけない

労働者が残業をしたとしても、上司が残業を命じた場合でなければ、会社としては残業と認めない、という姿勢の会社は結構多いようです。

このような会社でも、会社側が業務上の必要があると判断して、労働者に対して残業を命じた場合には特に問題は生じません。もし、このような場合に残業代を支払わなかった場合には、明らかな法律違反となります。

　一方、上司が労働者に残業するように命じていないのに労働者が残業した場合、会社としては残業代を支払う義務はない、と考える経営者は多いようです。

　しかし、場合によってはその労働者が会社に残って仕事をしていた分について残業代を支払わなければならないケースもあります。

　たとえば、残業しないと間に合わないほどの業務を上司が労働者に命じた場合です。この場合、たとえ上司が「残業しなさい」と命じなかったとしても、黙示的に残業を命令したものとして扱われる場合があります。たとえば、「明日までにこの資料を作成するように」などと夕方に命じた場合には、残業を命じたものとして扱われる可能性は高いといえるでしょう。また、労働者が残業しているところを見ていながら、何も言わずにいたような場合も、黙示的に残業を命令したと判断される場合があります。

■ 労働時間の把握方法

始業・終業時刻の確認・記録	●労働日ごとに始業・終業時刻を使用者が確認し、これを記録する必要がある
確認・記録方法	●使用者自らが確認・記録する方法(管理方式) ●タイムカード、ICカード、残業命令書、報告書などの客観的な記録で確認・記録する方法(タイムカード方式) ●労働者自身に申告させ、確認・記録する方法(自己申告制)
自己申告制の場合の措置	●使用者は、自己申告制の具体的内容を説明し、労働時間の把握について実態調査をしなければならず、申告を阻害するような措置をしてはならない
書類などの保存	●使用者は、労働時間の記録に関する書類について、3年間保存しなければならない

14 残業削減には何が必要か

まずは経営者の意識改革が必要である

◉ 経営者の意識改革が必要

　長時間仕事をすることを美徳するような企業風土の中では、残業削減はとうてい望めません。そして、企業風土というものは、その会社の経営者の考えや意識が一番大きく反映します。経営者の意識は管理者に伝わり、その管理者の意識が部下である労働者に伝わり企業風土となるのです。

　したがって、残業削減をしたい場合には、まず経営者の意識を長時間労働に対する美徳から時短（労働時間の短縮のこと）へと改革する必要があります。残業をしなくても業務を行えるように制度の改革を行ったり、作業マニュアルを作成するといった方法をまず検討しましょう。そして、管理職にある者に対して、まずは労働者の労働時間の管理を徹底して行わせるようにします。

　管理者の時間管理の意識が高まれば、労働者の作業効率も高まります。それにはまず、労働時間をどのような方法で管理するのかを検討する必要があります。

◉ 自己申告制には問題がある

　残業削減を適切に行う前提として、会社は労働者の労働時間を管理しなければなりません。労働時間を把握する方法としては、原則として経営者や上司など労働者を管理する立場にある者が直接労働者の労働時間について見て確認する**現認**という方法があります。この現認という方法が、直接的に労働者の労働時間を把握できるので、可能な場合には、この方法をとるとよいでしょう。

次に、経営者や上司による現認が難しい場合には、タイムカードやICカードなどによる客観的な記録方法によって労働時間を把握するとよいでしょう。ただ、この方法は、ダラダラと残業するような社員がいる場合に、その打刻時間まで本当に労働していたのかどうかを把握しきれない場合があるので、注意が必要です。この方法での管理が難しい場合には、自己申告制の導入を検討するとよいでしょう。ただ、自己申告制の場合、タイムカードと同様、労働者が申告してきた内容が本当に実態にあっているのかどうかを確認できるしくみを作っておかなければ、さまざまな問題が生じます。

　まず、タイムカードの場合と同様にダラダラと残業をする社員への対応があります。そして、もう一つは、会社側の姿勢に問題がある場合、事態は深刻になります。労働者が残業せざるを得ない状況であることを承知しながら、自己申告制と残業時間の上限枠を導入し、労働者が残業時間の上限枠を超えている残業時間分について申告しにくい環境を作り上げているような場合です。このような目的で自己申告制を導入することは避けなければなりません。

● 業務命令を徹底させる

　労働時間の管理方法が定まったら、各セクションの業務を遂行するのに必要な時間を割り出します。たとえば経理課全体の作業に必要な時間が1か月あたり何時間であるか、といった具合に時間数を算出するのです。この総時間を管理者が管理するようにするのです。管理する時間については、時間外労働時間、深夜残業、休日出勤分についても同様です。

　さらにその時間に上限枠を設けて、部署内でうまく割り振るようにさせます。その上で、残業を削減できた管理者に対しては賞与などに反映させるようにして、業務改善に取り組ませるようにします。

● 具体的にどのようなことをすればよいのか

　労働者の残業を会社側の指示がなければ行うことができないようにするには、管理者が自身の部下の状況を適切に把握していることが前提となります。

　労働時間の管理方法については、前述のいずれの方法でも対応は可能ですが、それぞれのしくみの特徴をよく把握した上で、問題がないようにしなければなりません。いずれの方法で管理するにしても、残業については「残業申請書」といった書類を残業する労働者から管理者に提出させるようなしくみを作るとよいでしょう。

　「残業申請書」には、残業しなければならない理由や残業の目的、作業に必要となる時間を記載するようにします。そして、管理者が許可したことを示す署名やサイン欄を設けておくとよいでしょう。また、チェック欄を作り、他の方法で対応することができないかどうか、残業申請時あるいは許可時に確認できるようにしておくとよいでしょう。

　実際に行われた残業について賃金を支払わないということはできません。もちろん、業務上必要な残業をしているのであれば、経営者側も残業代を支払うことにそれほど違和感はないでしょう。しかし、中には残業代を稼ぐために昼間はのんびりと仕事をし、残業時間になってから熱を入れて働き出すという労働者がいることも事実です。

　そこで必要なのが、「無用な残業をさせないよう対策をする」ということです。具体的には、次のような方法が挙げられます。

① 残業時間の上限を設定する

　「月20時間まで」「週6時間まで」などのように、残業の上限時間を設定します。これを超えたら残業代を支払わないのではなく、業務の適正化や効率化を図り、必要以上の残業をなくすということです。

② 退社時間を決め、守らせる

　「毎週水曜日はノー残業デー」「毎日20時には事務所を閉める」といった決まりごとを作ります。

③ 残業は事前に上司の許可を得た上で行うようにする

どうしても残業が必要な場合には、残業理由、業務内容、残業予定時間などを記載した「時間外勤務申請書」を作成し、上司の現認印をもらうようにします。申請書なく残業をしている場合は上司が帰宅を促すといった管理が必要です。

④ 評価への反映や懲戒処分を検討する

残業するために昼間にサボっていたり、何度も注意しているにもかかわらず指示なく残業しているといった場合には、就業規則などに従って懲戒処分を行うこともできます。また、昇給や賞与支給の際の評価に反映させるといったことも考えられます。

■ 残業申請書の活用と記載事項

```
           残業申請書の提出
    部下  ⇄  上司
```

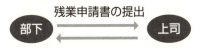

残業の承認 or 不許可

```
原則  事前に提出    上司不在時  翌日速やかに提出
```

提出時の記載事項
・残業時間 → 予定時間と実際にかかった時間を記入
・残業をしなければならない理由

承認時の記載事項
・上司の承認印

昇任時の確認事項
・勤務時間内にムダはなかったか？
・仕事の割り当ては適切だったか？
・残業の原因が段取り不足ではないか？
・毎月同時期に同じ理由で残業となっていないか？
・パートタイマーでもできる仕事ではないか？

15 固定残業手当や年俸制の導入は慎重に行う

人件費の予算管理を効率化できる

● 固定残業手当とは何か

　労働基準法では、時間外労働をした場合、給与計算期間ごとに集計して割増賃金を支払うよう定めています。一方、残業手当をあらかじめ固定給に含め、毎月定額を支給している会社も少なくありません。このように残業手当を固定給に含めて支給すること自体は、法的には問題ないのですが、注意して制度設計をしないと労働基準法違反になってしまうこともあります。この**固定残業手当**を適法に行うためには、次の３つの要件が必要です。

① 基本給と割増賃金部分が明確に区分されている
② 割増賃金部分には何時間分の残業時間が含まれているのかが明確である
③ 上記②を超過した場合には、別途割増賃金が支給される

　法律要件としてはこの３つですが、固定残業手当を導入するためには就業規則（賃金規程）を改正しなければなりません。
　特に、就業規則や賃金規程、労働契約の定め方に気を配り、従業員への明確な説明をしっかり行わなければなりません。固定残業手当の導入は、支給の経緯、実態などから見て「定額手当＝残業代」と判断できるものである必要があるのです。
　なぜ、①の要件が設けられているかといえば、従業員が本来支給されるはずの残業代が含まれているのかをしっかり把握できるようになるからです。たとえば「支給金額は、月間20時間分の時間外手当を含む」「１日１時間分の時間外労働割増賃金を含めて１日10,000円とする」のような定めをすると明確です。定めに従い適正に支払われるの

であれば、割増賃金を支払っていることになり適法となります。

　要件を満たして、残業代の代わりに固定残業手当とすることができても、固定残業手当が実際の残業時間で計算した残業代を明確に下回ると判断された場合には、その差額の支払いを請求されるトラブルも予想されますので、注意が必要です。

● なぜこのような手当を設けるのか

　固定残業手当を導入すると、一定の残業時間分の残業手当が残業時間にかかわらず支給されます。さらには固定残業手当の導入要件の③の通り、想定された残業時間を超過した分は別途支給しなければなりません。一方、固定残業手当の導入による一般的なメリットとしては不公平感の解消です。同じ仕事を残業なしでこなす従業員と残業を10時間してこなす従業員間では、通常の残業手当の考え方だと不公平に感じられますが、固定残業手当では公平感があります。

　また、固定残業時間以内であれば、実残業が発生しても追加の人件費が発生せず、年間の人件費の把握が可能なことや残業の時間単価を抑えることができるなどのメリットがあります。

　たとえば、会社の業績が厳しい中でも、従業員の給与を減額するのは至難の業です。従業員は反発して労使間の信頼関係は崩壊してしまいます。しかし、給与（基準内賃金）を減額しても、同時に固定残業手当を導入すると、賃金の支給総額は増加します。もちろんこの場合、一定時間残業をした従業員にとっては、支給総額は減少するのですが、労使交渉の場では残業時間は不確定要素なので、必ずしも一定時間残業することは前提としないケースがあります。

　さらに、固定残業手当を導入することにより、給与計算の手間が大幅に削減されます。毎月の人件費が固定化されることで、予算管理がしやすくなります。さらに、従業員の立場からすると、残業してもしなくても同じ給与なのですから、効率的に仕事をすることにより残業

が削減されます。結果としては、固定残業手当を導入する前より残業時間が減少し、人件費総額も減少することもあります。

● 職種によってはなじまないものもある

　固定残業手当はすべての業種・職種に適用してうまくいくとも限りません。やはり、効果の出やすい職種、効果の出ない職種はあります。

　たとえば小売店や飲食店では、営業時間がほぼ一定で、開店準備や閉店業務にかかる時間も大きな変動はありません。毎日ある程度一定の労働時間となります。したがってこのような業務では、毎月の残業時間がほぼ一定となりますので、固定残業手当を導入しやすい職種だといえます。営業職の場合は、日中はクライアントを訪問し、夜に帰社して残業して提案書を作成するという勤務が多くなります。このような場合も同様に固定残業手当を導入しやすいと思われます。

　また、企画職や研究職のような職種は、長時間労働しても必ずしも成果が上がるものではありません。しかし、能率が上がらないからといって早仕舞いして帰宅するということも難しいといえます。そこで固定残業手当を導入し、残業を減らす習慣ができれば、能率の悪いときはさっさと帰宅し、体力・能力の回復に努めてもらうことができ、次の日には効率的な仕事が期待できます。

　一方、生産ラインが確立されている製造業や、一般的な事務作業の場合、業務量の増減は各従業員の裁量ではできません。また、その増減が予想しにくいこともあります。このような職種の場合、固定残業手当を導入するより、実際に残業した時間に対しその都度計算された残業手当を支給したほうが、従業員のモチベーションにもつながります。

● 残業代の支払いが一切不要になるわけではない

　設定する残業時間については、三六協定で設定できる時間外労働の上限が、1か月45時間、1年では360時間となっていることからする

と、必然的に1年間の限度時間360時間の12分の1、30時間が固定残業手当を考える上での上限となります。30時間を超える時間設定は「時間外労働を1年で360時間を超えて行わせる」という宣言にもなりかねないため、**上限は30時間**とするべきでしょう。

固定残業手当は「これさえ支払っていれば、もう時間外労働手当がいらなくなる」という便利手当ではありません。想定する時間外労働時間を超えた場合は別途時間外労働手当を支払わなければなりません。逆に残業がなかったからといって、余り分を「おつり」として回収することはできません。ムダな残業手当を払わないという意味でも、固定残業手当は、今までの平均残業時間をベースに検討するのが得策です。

ただし、固定残業手当で想定した残業時間を超過した場合について、実務上この給与計算が煩雑で対応しきれない会社もあります。その場合は、法律違反にならない範囲で若干多めに設定して、想定した残業時間に収まるようにしたほうがよいでしょう。

● 年俸制について

年俸制とは、まず1年間の給与もしくは賞与の総額を決定し、その12分の1、あるいは16分の1（仮に、賞与分が4か月分と設定する場合）を毎月支給するという賃金体系です。大手企業を中心に年俸制を導入するケースもありますが、労働基準法上の制約もあるため、重要

■ 残業手当込みの賃金の支払い

なポイントは把握しておく必要があります。

① **賃金の支払方法について**

　1年単位で賃金総額が決まるとはいっても、労働基準法24条で毎月1回以上の支払いが要求されているため、最低月1回、定期に賃金を支払わなければなりません。ただし、賞与支払月に多く支払うことはできます。

② **時間外労働の割増賃金について**

　年俸制では、時間外労働の割増賃金を払う必要がなくなると勘違いしている使用者が少なくありません。これは誤りです。

　年俸制では、毎月支給される金額が1か月分の基本給となり、時間外労働をした場合にはこの1か月分の基本給をベースに割増賃金を支給しなければなりません。「年俸制だから残業代を含んでいる」という論理は通用しないわけです。一般労働者に年俸制を採用する場合、時間外・休日・深夜労働に対して割増賃金は必要です。ただし、管理監督者に該当して労働時間の規制が適用除外される場合（41条2号）、裁量労働や事業場外労働についての「みなし時間制」の適用を受ける場合（38条の2～38条の4）のように一定の要件の下では、（深夜労働に対する割増賃金を除いて）割増賃金は不要です。

　使用者が、新たに年俸制を導入する場合、年俸額の内訳は、基本給与だけなのか、ある一定時間分の時間外手当を含んでいるのかを明確にする必要があります。もちろん、実際の時間外労働があらかじめ定めた時間よりも多くなった場合は別途支払いが必要です。

　もっとも、実際の毎月の給与支給額が、残業手当により増減があると、年俸制にした意味合いがなくなってしまいます。そこで用いられるのが、前述した固定残業手当です。年俸制の金額を設定するときに、純然たる基本給の部分と、想定される残業時間から計算された割増賃金の部分を明確に分離して従業員に明示します。もちろん、前述のように、想定する残業時間を超過した場合には、別途残業手当が必要に

なりますが、それによる増減はあまり多くならないと思います。このようにすることで、年俸制の特徴を活かした賃金体系となります。

なお、残業手当の算定方法については注意が必要です。労働基準法では、従業員が1日8時間、週40時間を超える労働を行った場合、通常の労働時間・労働日の賃金の2割5分を増した賃金支払いが必要です。このような割増賃金基礎額の算定には役職手当、資格手当、業務手当、皆勤手当、食事手当などが含まれますが、年俸制において12等分にされて支払われる賞与も同様に含まれるのです。

したがって、通常の労働時間・労働日の賃金額を導く場合には、賞与を除外しないようにしなければなりません。

● どのように取り扱うべきなのか

労働基準法では、給与計算期間つまり給与の締め日ごとに残業時間を集計して、残業手当を支払うよう求めています。固定残業手当は例外的な処理です。ただし、固定残業手当が**想定している残業時間を超えて残業を行わせたときは、別途残業手当の支給が必要**になりますので、決して残業代を直接的に節約できる制度ではありません。また、業種・職種によっては不適当なケースもありますので、会社の実態、従業員の就業実態を考慮して導入を検討していく必要があります。

しかし、固定残業手当に関しては、基本給との区別が曖昧で実際に固定残業手当を計算すると割増率（178ページ）未満の金額となる、超過分の残業手当を支払わないなど、会社が残業手当の支払いを逃れるために違法な運用を行っているケースがあります。また、固定残業手当は残業を前提とする手当なので、長時間労働の温床になっているともいわれています。固定残業手当を導入している場合は、230ページで述べた要件を満たす形で適法な運用を行わなければなりません。さらに、固定残業手当＝"ブラック企業"というイメージを持たれつつあるので、その廃止も検討の余地があると思われます。

16 どうすれば有休を効率的に取得させることができるか

時間単位取得制度や計画有給制度を活用する

● 有休の取得を認めないと労働調査で問題になる

　日本は、有給休暇取得率が非常に低い国とされています。フランスやスペインなどの欧米は、バカンスの習慣があることも影響し、ほぼ100％の有給休暇消化率を誇るケースがあるのに対し、日本は平成27年度の場合でほぼ半分程度の取得率となっています（平成27年就労条件総合調査の概況より）。このような現状を憂慮し、政府では現在有給休暇の取得を促す策として法改正を行い、年に5日の取得を義務づけることを検討しています。

　有給休暇取得率の問題は、もともと勤勉とされる日本人の性質が起因とされています。労働者側としては、仕事が忙しくて休む暇がない場合や休んだ翌日にたまった仕事を片付ける手間を恐れる場合、休暇取得を言い出せない雰囲気の職場に勤めている場合などの理由から、有給休暇を取ることが困難な状況となっています。一方、事業主側としては、労働者に休まれて仕事が回らなくなる心配や、休んだ社員に対して「有給」で休暇を取らせることに抵抗が生じることから、休暇取得を促せない状況となっています。

　しかし、有給休暇を取らせないまま仕事をさせていると、労働調査で問題となる場合があります。有給休暇は、労働基準法で定められた労働者に対する権利で、労働者の心身をリフレッシュさせるために与えるべきものです。したがって、会社が立ち行かなくなる特別な場合を除き、労働者が希望する時季に与えなければならないものとされています。労働者が用事や疲労で休暇取得を望んでいるのに、事業主が与えなかった場合、損害賠償請求に発展した判例もあります（大阪高

裁平成24年4月6日判決)。事業主は、やみくもに有給休暇を拒否することなく、効果的な取得をさせるよう心がけなければなりません。

● 時間単位で取得してもらう

　有給休暇を効果的に取得させる方法のひとつとして、**時間単位制度**を導入するケースがあります。有給休暇は、暦日または半日単位で与えることが原則でしたが、時間単位制度を活用すれば時間単位で取得することが可能になります。朝に病院へ行く場合や数時間だけ子どもの学校行事に参加する場合など、一日まるまる休む必要がないケースでも有給休暇を利用できるようになったことで、労働者の選択肢の幅が広がり、取得率アップにつながります。

　なお、時間単位の取得を行うには、労使協定で、①対象労働者の範囲、②年間の時間単位有給休暇日数を定める必要があります。時間単位の取得は、あくまでも労使が話し合って決めた範囲での取得を許可する形になるためです。

● 計画有給制度を活用する

　有給休暇を毎年確実に取得してもらう方法として、**計画有給制度**が挙げられます。計画有給制度とは、活用する有給休暇のうち5日を超

■ 時間単位と年休のしくみ

1日目	2日目	3日目	4日目
2時間休暇を取り6時間働く	4時間休暇を取り4時間働く	3時間休暇を取り5時間働く	1日休みを取る
残り4日と6時間	残り4日と2時間	残り3日と7時間	

※時間単位の年次有給休暇制度を導入すれば、上記のような働き方が可能になる
　時間単位で取得できる年次有給休暇の日数は最大で5日間

える分について、使用者は労働者個人の意思にかかわらず労使協定で決めた日を有給休暇の日と定めることができる制度です。これにより、事業主側は自身の会社都合に沿った形で労働者を休ませることが可能になり、その休み分を有給休暇に充てることができます。一方、労働者側としては、初めから休みの日程が決定していることで、忙しい環境に置かれ有給休暇を取りにくい職場の雰囲気の中でも安心して休みを取ることができるため、有給休暇の取得率が向上し、労働時間の短縮につながるというメリットがあります。

なお、計画有給制度を導入するには、時間単位取得と同じく労使協定による定めが必要です。有給休暇の与え方としては、①事業場全体の休業による一斉付与方式、②グループ別の付与方式、③有給休暇付与計画表による個人別付与方式の３つがあります。社内で労働状況や顧客との関係などの実態を洗い出し、具体的な休みの日程を設定していくことで、効果的に有給休暇を取得させることが可能になります。

● 場合によっては有給休暇を買い上げる

有給休暇は法律に基づいて労働者に与えられた権利で、もともとは労働者が休息し、疲労を回復させるために与えられるものです。しかし、現状としては与えられた有給休暇のすべてを取得することができないケースが多くあるため、取得されないまま時効を迎える有給休暇を消滅時に買い上げるなどの方法を取ることができます。

ただし、買い上げが認められる場合はあくまでも例外であり、労働者が不利益を被らない場合に限定されます。したがって、事業主が有給休暇を労働者から買い上げることを理由に労働者の有給休暇の日数を減らす場合や、労働者から請求された日数の休暇を与えない場合は労働基準法違反になります。

監修者紹介

河原　大輔（かわはら　だいすけ）
税理士・行政書士・MBA。慶応義塾大学経済学部卒業後、一部上場企業勤務及び会計事務所勤務を経て、税理士登録。税理士・行政書士・社会保険労務士事務所である河原会計事務所の代表。外資系上場企業から個人事業者まで多くのクライアントの税務・会計・労務及び許認可業務を支える。経済産業大臣認定経営革新等支援機関として補助金・助成金の活用、及び、事業再生並びに事業承継を支援する。潜水士並びに PADI Dive Master でもある。著作に『図解とQ&Aでわかる　最新税金のしくみと疑問解決マニュアル138』『入門図解　経理の仕事としくみ』『最新　アパート・マンション経営の法律と税務』『小さな会社の「事務」と「書式」サンプル集129』『不動産をめぐる税金の知識と疑問解決マニュアル111』『図解で早わかり　経理のしくみ』（小社刊）がある。

河原　宏海（かわはら　ひろみ）
税理士・社会保険労務士。千葉大学経済学部（現在の法政経学部）卒業。社会保険労務士登録後、河原宏海社会保険労務士事務所を設立。社会保険・労働保険業務・助成金申請業務で多くのクライアントを支える。著作に『小さな会社の「事務」と「書式」サンプル集129』（小社刊）がある。

事務所の連絡先

河原会計事務所／㈲経営監理
〒260-0044　千葉県千葉市中央区松波 3-7-13
URL http://www.keiei-kanri.com

事業者必携
イザというときに困らない！
税務調査・労基署調査・社会保険調査のしくみと対策

2017年1月10日　第1刷発行

監修者	河原大輔　河原宏海
発行者	前田俊秀
発行所	株式会社三修社
	〒150-0001　東京都渋谷区神宮前2-2-22
	TEL　03-3405-4511　FAX　03-3405-4522
	振替　00190-9-72758
	http://www.sanshusha.co.jp
	編集担当　北村英治
印刷所	萩原印刷株式会社
製本所	牧製本印刷株式会社

©2017 D. Kawahara & H. Kawahara Printed in Japan
ISBN978-4-384-04739-4 C2032

R〈日本複製権センター委託出版物〉
本書を無断で複写複製（コピー）することは、著作権法上の例外を除き、禁じられています。本書をコピーされる場合は事前に日本複製権センター（JRRC）の許諾を受けてください。
JRRC（http://www.jrrc.or.jp　e-mail：jrrc_info@jrrc.or.jp　電話：03-3401-2382）